# LE VRAI GUIDE

## DE

# CLERMONT - FERRAND

## ET

# DE SES ENVIRONS,

### INDISPENSABLE AUX ÉTRANGERS, ET UTILE
### AUX HABITANTS DE LA VILLE.

> L'Auvergne est un vaste cabinet
> d'histoire naturelle.
> DELARBRE.

PROPRIÉTÉ DE L'ÉDITEUR.

DUCHIER, LIBRAIRE,
RUE SAINT-ESPRIT, 35.

Prix : 1 fr. 25 c.

ET CHEZ LES PRINCIPAUX LIBRAIRES
DE CLERMONT-FERRAND.

1852.

LK⁷ 2110

# LE VRAI GUIDE

DE

# CLERMONT-FERRAND

ET

# DE SES ENVIRONS,

INDISPENSABLE AUX ÉTRANGERS, ET UTILE
AUX HABITANTS DE LA VILLE.

L'Auvergne est un vaste cabinet
d'histoire naturelle.

DELARBRE.

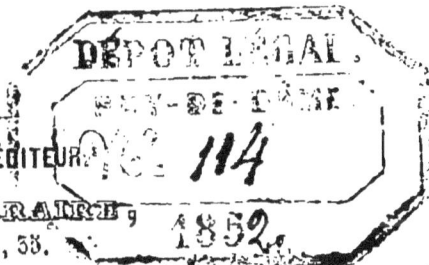

PROPRIÉTÉ DE L'ÉDITEUR

DUCHIER, LIBRAIRE,
RUE SAINT-ESPRIT, 38.

1852.

SE VEND CHEZ LES PRINCIPAUX LIBRAIRES
DE CLERMONT-FERRAND.

## 1852.

# PRÉFACE.

En faisant paraître ce *Guide*, je n'ai eu
d'autre dessein que celui d'être utile et
agréable aux habitants de la ville de Clermont-Ferrand, ainsi qu'aux nombreux étrangers qui viennent visiter notre vieille cité et
explorer ce que ses environs ont de pittoresque et d'attrayant; voilà ma seule ambi-
tion, mon unique désir, et si j'ai été assez
heureux de réussir, ma tâche sera remplie.

Le voyageur, en descendant de diligence, est ordinairement sollicité à aller loger dans l'un des beaux hôtels dont voici les noms :

HOTEL DE LA POSTE, HOTEL DE L'EUROPE ET DES MESSAGERIES, *Place de Jaude ;*

HOTEL DE L'ÉCU, HOTEL DE FRANCE ET DE BORDEAUX, *Rue de l'Ecu ;*

HOTEL DE LA PAIX, *Montée des Petits-Arbres ;*

HOTEL DE L'AIGLE D'OR, HOTEL DE LA PROVIDENCE, *Rue Ballainvilliers ;*

HOTEL DU CERF D'OR, HOTEL DU LION D'OR, *Rue de la Halle-au-Blé ;*

HOTEL DE PARIS, HOTEL DU NORD, *Rue des Jacobins.*

# LE VRAI GUIDE

DE

# CLERMONT - FERRAND

ET

## DE SES ENVIRONS.

———◆◆◆———

Eusèbe , dans son *Histoire de Clermont-Ferrand* , dit : « Son origine se perd dans la
» nuit des temps ; son site est des plus riants ,
» des ruisseaux qui coulent de toutes parts en
» font la richesse. Son bassin est bordé de
» brillants coteaux , qui jadis étaient couverts
» de bois, et qui , maintenant , sont de riches
» vignobles. En un mot, Clermont est une
» des villes les plus curieuses à visiter. Elle
» est construite en partie sur le tuf. »

Elle a été assiégée douze fois , de 408 à 916.

Douze conciles s'y sont tenus, le premier en 535, le dernier en 1850 ; il y a eu aussi deux congrès scientifiques, l'un en septembre 1838, et l'autre en 1850. Sa population actuelle est de 34,083 habitants.

---

# ITINÉRAIRE

## DE L'INTERIEUR

## DE LA VILLE DE CLERMONT-FERRAND.

### Départ de la place de Jaude.

Cette place, « qui tire son nom de *Jovis, Jupiter*, parce qu'autrefois il y avait un autel qui lui était consacré, est grande et belle. » C'est là que se tiennent les voitures publiques et où débarquent tous les voyageurs. Elle a 262 mètres de longueur sur 82 de large. On y passe les grandes revues. L'on y voit au sud la statue de Desaix, inaugurée en 1848, et la petite place de la Chapelle-de-Jaude, ainsi nommée, parce qu'elle avait, avant 89, une chapelle. Les paroisses s'y rendent processionnelle-

ment en commémoration une fois par an. On vient
d'ouvrir, de ce côté, la route 89. Au nord-est de
la place, l'église des Minimes, fondée en 1630 par
Marguerite Saulnier, sous l'épiscopat de Joachim
d'Estaing, évêque de Clermont. En face est la halle
aux toiles, bâtie en 1816. A l'extrémité nord de ce
monument se tient la Caisse d'épargne, ouverte les
dimanches, de 11 heures à 2 heures.

C'est sur cette place qu'a lieu le marché aux
chevaux les jours de foires, le 9 mai, le 23 juin,
le 16 août et le 11 novembre. Le côté de la rue
Blatin jusqu'à la barrière de Jaude est habité en
partie par les tanneurs de cette ville, dont le commerce est des plus étendus.

## Montée des Petits-Arbres.

Arrivé à l'hôtel de la Paix, on contemplera derrière soi, à travers la rue Blatin nouvellement per-
cée, la perspective des montagnes; en montant,
voyez à gauche la place Sugny ou des Cordeliers,
où se tient le marché principal des viandes.

Si l'on monte à droite, on arrive sur la place
des Petits-Arbres, où, les jours de foire, se tiennent les bateleurs et les baraques de toute espèce
de marchandises; à gauche on voit la Préfecture,
autrefois communauté des Cordeliers, bâtie en
1250.

Ce monument est spacieux et agréablement situé

(autre perspective dés montagnes de la rue Basse-Saint-Esprit). De là on se rend à l'Hôtel-Dieu, en suivant la rue qui porte son nom, en face de la Préfecture. Cet édifice date de 1767. En 1807, on y avait ouvert une école secondaire de médecine, qui n'est plus aujourd'hui qu'une école préparatoire ; entrée publique, les dimanches, les mercredis et les samedis, de 11 heures à midi. Il contient 500 lits. Cet hospice jouit de la plus belle exposition ; il est environné de vastes jardins, ainsi que de belles cours bien aérées.

A la sortie de l'Hôtel-Dieu, voyez à l'extrémité du boulevard qui porte son nom *la fontaine de la Pyramide*. Cet obélisque a été construit en mémoire du général Desaix, noble enfant d'Auvergne, mort à Marengo en 1800. Près de là est la Bibliothèque, qui date du XVIe siècle, fondée par Matthieu de Laporte, doyen de la cathédrale, mais embellie plus tard par Massillon, évêque de Clermont, qui la dota de la sienne, à condition qu'elle serait ouverte au public deux jours de la semaine ; elle l'est actuellement tous les jours, de 10 heures du matin à 2 heures du soir, du 3 novembre au 25 août. Elle contient 23 mille volumes et des manuscrits très-curieux. On y voit un cabinet de minéralogie, de médailles antiques, d'histoire naturelle, et des tableaux qui méritent de fixer l'attention des artistes.

*Bibliothécaire*, M. G. DESBOUIS.

*Sous-bibliothécaire*, M. FOULHOUX.

Dans cet établissement se font les cours publics .

*Professeur de dessin* , M. Delorieux.

— *d'architecture* , M. Imbert.

— *de musique* , M. Lefebvre.

— *de mathématiques, de géométrie descrip-tive* , M. Raynaud.

— *de géographie physique* , *de botani-que* , *d'herborisation et d'horticul-ture* , M. Lecoq.

— *de chimie* , M. Bertrand.

Le jardin des Plantes est annexé à ce monument. Il s'est ouvert pour la première fois le 9 août 1781, grâce aux libéralités de M. de Chazerat, dernier intendant de la province, et de l'abbé de Larbre, ancien curé de la cathédrale. Une seule statue équestre , représentant la mort de Desaix, décore ce jardin ; on la voit en face de la porte d'entrée ; elle est faite d'un seul bloc de marbre , mais elle manque de proportion et n'a pas été achevée.

Du 1er avril au 1er novembre, tous les jours, les dimanches exceptés, il est ouvert au public, de 2 heures jusqu'à la tombée de la nuit.

*Directeur* , M. Lecoq.
*Jardinier en chef* , M. Speiser.

Pour aller à l'Ecole normale primaire , on lon-gera la rue Saint-Jacques, derrière la Bibliothèque. Cette école, fondée en 1831 , touche la barrière.

*Directeur* , M. Chopinet.

1 *

Tout près on voit le Musée d'antiquités.

*Directeur*, M. BOUILLET.

Près la Pyramide, se trouve la petite place du *Taureau*, ainsi nommée, parce que, à peine achevée, un taureau y poursuivit, d'après la chronique, un prêtre, qui, pour se sauver, sauta dans la rue de l'Eclache. Elle date de 1756. Elle fut commencée par M. LAMICHODIÈRE, intendant d'Auvergne, et terminée par M. BALLAINVILLIERS, son digne successeur. (La vue de cette place est des plus belles.)

### Rue Ballainvilliers.

Cette rue est spacieuse et belle. En partant de la Pyramide, on aperçoit au bout, à droite, la halle au blé, bâtie en 1762 sous l'intendance de M. BALLAINVILLIERS. Les marchés y ont lieu les mercredis et les samedis.

*Adjudicataire de la ferme*, M. MALEYSSON.

En face, le voyageur prendra la rue Desaix, qui conduit sur la place de ce nom, appelée anciennement place Saint-Genès. C'est là le marché aux légumes, aux hardes; près de la fontaine, il y avait, avant 1793, une église qui fut rasée à cette époque.

En revenant sur ses pas, on visitera le Lycée dans la petite rue du Collége, à l'extrémité de celle de Ballainvilliers; les fondements en ont été jetés pendant l'intendance de M. TRUDAINE, et il a été

achevé en 1740. Sa position ne laisse rien à désirer.
Il reçoit des internes et des externes. La principale
façade est intérieure.

*Recteur de l'académie*, M. l'abbé Dours.

*Proviseur*, M. Brouzés.

*Censeur*, M. Chevriaux.

*Aumônier*, M. l'abbé Habert.

*Econome*, M. Liotard.

En sortant, prenez la petite rue des Aises, le
long des murs du lycée ; elle aboutit dans la rue
Neuve-des-Carmes, où se trouve l'église de ce
nom, entièrement réparée à neuf, grâce aux sa-
crifices de M. le curé Cély et de ses paroissiens.
Elle possède des vitraux et des orgues. Sa fondation
date de 1288 ; son clocher, de 1851.

Au bas de cette dernière rue, se trouve la place
Michel de l'Hospital, nom d'un ancien chance-
lier de France, né à Aigueperse en 1505. Cette
place est appelée le plus souvent *Marché aux
Planches* ; elle se prolonge jusqu'au cours Sablon,
charmante promenade qui porte le nom d'un ancien maire de cette ville ; elle date de 1800. Là,
le voyageur tournera à droite, vers la caserne
de la gendarmerie, peu en harmonie avec l'Hôtel
du général qui y est annexé. Ce dernier édifice,
construit à neuf, est meublé aux frais du département. A gauche, en descendant sur le
cours, parcourez la place de l'Etoile, où la musique des régiments se fait entendre dans la belle
saison, les dimanches et les jeudis soir. La vue

de cette promenade est charmante, quoique interceptée par de nouvelles constructions. Ce quartier s'appelle les *Capucins*, nom d'une ancienne communauté.

Reprenez le cours Sablon jusqu'au bas du jardin des plantes (cette promenade doit se prolonger). On revient sur ses pas, et à partir du beau café des Officiers, le cours prend le nom de boulevard du Grand-Séminaire, parce qu'autrefois la caserne lui appartenait. Visitez la grande caserne, dont l'emplacement est des mieux appropriés pour son usage.

Si l'on désire se rendre au petit Séminaire dont le site est des plus agréables, on passera dans la rue Sous-la-Tour-Notre-Dame, qui longe les murs de la caserne. Il occupe le n° 1er de la rue Bansac.

*Supérieur*, M. RIBEROLLES.

*Directeur*, M. MARTIN.

*Econome*, M. SIMONDET.

L'établissement des orphelins vient d'être transporté dans la rue Sous-la-Tour-Notre-Dame, n° 27. Sa fondation date de 1851.

Suit-on le boulevard jusqu'à l'extrémité, on arrive sur la place Delille, dont le nom nous rappelle notre illustre poète, né à Clermont en 1738.

C'est le marché aux fourrages, aux échalas, aux verges. Une des fontaines les plus belles par son style gothique se trouve au milieu; elle date de 1511, mais avant 1808, elle était placée près de la cathédrale. L'ancien bac polygonal qui l'embellissait a été remplacé par un bac rond qui fausse l'harmonie de l'ensemble. De cette place partent toutes les demi-heures des voitures pour Riom. Prenez ensuite la rue des Jacobins (nom d'une ancienne communauté). En passant, voyez la Manutention à gauche, en descendant, n° 11. Dans la rue Godefroy-de-Bouillon le couvent de Sainte-Marie, dont l'église a été fondée en 1219 par Guidon de Latour, comte de Boulogne. Deux tombeaux de style ogival fixeront l'attention des archéologues. La maison des Frères de l'Ecole chrétienne (bâtiment des ci-devant Dominicains), y est annexée.

Hors la barrière des Jacobins, se trouve le grand Champ-de-Manœuvre (marché aux bestiaux); à l'extrémité, la maison des prêtres infirmes et des missionnaires (construction nouvelle), la maison de la Providence, et une charmante église nommée l'église des Carmes-Déchaux; on y visitera avec soin un tombeau antique qui sert de maître autel. En sortant de ce lieu, n'oubliez pas de parcourir le cimetière : il possède quelques jolis monuments funèbres. De là, on fera bien de se rendre à Montferrand, en suivant la grande route. Cette ville est aussi ancienne que Clermont; elles ont été réunies en 1731; on y voit encore des fossés des anciennes fortifications. Montferrand fait tous ses efforts pour s'ériger en commune; elle a obtenu, à cet effet, l'adhésion du conseil général; c'est maintenant au gouvernement de se prononcer. Le

voyageur visitera, à droite de la route, le gazo-
mètre (nouvelle construction); à gauche, un peu
plus loin, l'abattoir inachevé.

*Receveur*, M. FABRE.

*Contrôleur*, M. CHAUSSECOURTÉ.

*Surveillant*, M. MIDON.

*Inspecteur des viandes*, M. FAYET.

A Montferrand, que l'on visite l'église, édifice
qui appartient à l'architecture ogivale (monument
historique), quelques maisons gothiques, les archives, le grand-séminaire.

*Supérieur*, M. DÉJARDIN.

*Econome*, M. MALZAC.

Le Bon-Pasteur, le cimetière et la place de la
Rodade, où se tient le marché au bestiaux tous les
vendredis. Du centre de cette place, on a un coup
d'œil magnifique.


### Retour de Montferrand.


Au lieu de rentrer à Clermont par la grande
barrière, que l'on traverse le champ de manœuvre
pour visiter le bel établissement Daubrée; en sortant de ce lieu, on prendra la petite barrière de la
Sellette, qui est en face. Voyez-y les ateliers des
monuments funèbres; plus haut, la caserne de la
cavalerie, dans l'ancien couvent des Hospitaliers,
fondé en 1642. Cette dernière rue aboutit à la
place Delille. On tournera à droite, pour se rendre

sur la place d'Espagne, achevée en 1692, par des Espagnols, prisonniers de guerre à Clermont. De cette place, on a des échappées de vue magnifiques.

La troisième rue en montant à gauche, appelée rue du Port, conduit droit à l'église de ce nom, qui date du IXe siècle. Elle a été bâtie par saint Avit, évêque de Clermont, détruite en 853, et reconstruite eu 866, par Sigon, évêque. Son clocher est neuf. Elle possède des orgues et des vitraux. Son style romano-byzantin l'a fait classer au nombre des monuments historiques.

Qu'on n'oublie pas de descendre dans la Souterraine.

De retour sur la place d'Espagne, on longera la promenade jusqu'à la place Saint-Hérem (*nom d'un gouverneur d'Auvergne*), appelée le plus souvent Marché-aux-Cuirs.

Pour se rendre à la Poterne, on prendra la montée du Marché-aux-Cuirs; cette promenade élevée date de 1725. Elle est ombragée et agréable. Le panorama qui se déroule à l'œil ébloui est des plus attrayants. Voyez dans le bas le Temple des protestants (*rue Sidoine Apollinaire*); ministre, M. Collin; l'école d'accouchement, rue Dallet (directeur, M. Pourcher aîné); Bien-Assis, maison de campagne, où l'on a cru longtemps qu'était né Pascal; le grand et populeux faubourg de Saint-Alyre; les Bughes, promenade plantée de noyers, très-agréable en été. Il y avait jadis un temple consacré à Diane. A partir du 24 juin, cette promenade est publique. Plus loin

on remarquera les côtes de Chanturgues, de Mont-
Juzet, dont le vin est renommé, et le puy de Dôme
dans toute sa nudité. A l'entrée de la Poterne, on
voit agglomérés, dans la rue des Notaires, l'Hôtel-
de-Ville, le Palais de Justice, le Comptoir national,
la Maison d'arrêt. Ce monument, qui a été com-
mencé en 1824 sur les plans de M. Ledru père, alors
architecte de la ville, n'est pas encore achevé. De
la rue des Notaires, remarquez la Cathédrale, vers
la place Devant-Clermont; c'est un des plus beaux
monuments d'architecture ogivale. Elle est classée
au nombre des monuments historiques. Que le voyageur l'explore avec soin intérieurement et exté-
rieurement, sans oublier de monter au clocher, afin
d'y jouir d'une des plus belles vues. Cette église a
été construite et reconstruite quatre fois; elle est un
chef-d'œuvre d'architecture. Ce fut en 1248 que
Hugues de Latour, évêque de Clermont, en jeta les
fondements, avant son départ pour la Terre-Sainte.
Elle a trois entrées. On travaille actuellement à l'a-
chever. Elle possède de beaux vitraux et des orgues
magnifiques, qui ont été inaugurées au dernier
concile, tenu en 1850. Entre la place Devant-Clermont et la rue des Gras, est situé le Tribunal de
Commerce, ancien bâtiment qui avait été destiné
aux opérations de la bourse par un arrêté du Conseil du 26 juillet 1801.

On traverse le haut de la rue des Gras (qui tire
son nom de MM. Gras, anciens négociants de cette
ville) pour aller à la salle de Spectacle, située sur la

place appelée Derrière-Clermont, actuellement rue
de la République (*Marché à la faïence*). Ce monument n'a pas été achevé ; il date de 1807. Les jours
de spectacle ont lieu les jeudis et les dimanches. Le
Château-d'Eau y est annexé ; il ne peut être visité
qu'avec l'autorisation du fontainier, M. Mollie, de-
meurant place des Petits-Arbres.

Au sud-ouest de la Cathédrale, on voit la maison
où naquit Pascal, dont l'entrée principale est dans
le passage Vernine. On doit remercier M. Gonod,
ex-bibliothécaire, et M. Dauzat, propriétaire,
d'avoir eu l'heureuse idée d'immortaliser cette de-
meure, en scellant sur les murs le buste de ce grand
homme.

Le palais épiscopal est près de la Cathédrale ; on
y va en passant par la rue du Terrail ; à la fontaine
de ce nom, à gauche, il faut prendre la rue Pascal
(*ancienne rue des Nobles*). Ce palais occupe l'ancienne intendance, nº 4.

On reviendra vers la rue des Gras pour aller à la
Boucherie ou marché aux poissons, petite place nouvellement réparée. On s'y rend, en prenant à droite,
en descendant les Gras, la rue de la Coifferie.

De cette dernière place, on prendra la rue de la
Grande Boucherie, qui aboutit à Saint-Pierre, place
carrée qui a une fontaine (*Marché aux légumes*).
Elle tire son nom d'une ancienne église, détruite
pendant la révolution de 93. Près de la fontaine,
est la rue Saint-Pierre, qui va directement au
Poids-de-Ville (*Marché aux fromages en gros*). Ce

monument a été construit en 1663. Le dessus est occupé par le *Salon du commerce*. En face est la rue Sainte-Claire (nom d'une ancienne communauté), où l'on trouve au centre, à droite, l'église Saint-Eutrope, fondée dans le V<sup>e</sup> siècle, selon GRÉGOIRE DE TOURS, par la femme de saint NAMACE, évêque de Clermont. Elle est la plus ancienne de nos églises; mais les réparations qu'elle subit lui ont enlevé son style gothique.

Presque vis-à-vis est la maison de refuge dite du *Bon-Pasteur*, établie pour les orphélines et la conversion des filles, fondée en 1842, par M. CHARTIER, alors curé de la Cathédrale.

Plus loin, du même côté, on trouve la rue de la Garde, qui va aboutir vers la rue Saint-Arthème (nom d'un ancien évêque de Clermont); elle conduit directement vers la Pétrification, rue des Chats, n° 42, où l'on admire un pont naturel achevé et un autre inachevé. Les étrangers doivent visiter ces lieux; ils y trouveront à acheter des objets pétrifiés fort curieux.

De là on reviendra prendre, à l'extrémité de la rue Sainte-Claire, la rue Saint-Alyre (nom d'une ancienne communauté), fondée par saint ALYRE, évêque de la ville, et occupée par l'établissement des Ursulines, fondé en 1821. Dans l'enclos annexé, se trouve le Calvaire, bâti sur un tuf bitumineux. En 1550, un Bénédictin de Saint-Alyre, faisant creuser des caves, fit, sur ce monticule, une terrasse qui a été appelée depuis le Calvaire. De ce lieu se présente la plus belle vue de Clermont. Dans le bas on remarque la maison de campagne du Petit-Séminaire.

Remontez par la rue Saint-Alyre, la rue Sainte-Claire, pour descendre dans la rue Fontgiève, où est située la petite caserne de la Chasse. Ce bâtiment avait été construit pour servir de retraite aux prêtres infirmes.

Hors la barrière, on visitera les beaux moulins anglais de M. Boyer, qui se trouvent à gauche de la route, avant le pont de Fontgiève.

En revenant en ville, il faut avoir soin de tourner à droite de la barrière et prendre la rue du Passe-port; elle conduit à l'hôpital général par la rue des Vieillards. Ce monument est vaste; il a été fondé en 1757, par M. d'Estaing, évêque. La chapelle date de 1851; elle a été faite sur un plan donné par M. Imbert, habile architecte en cette ville.

En sortant, on reprendra la rue des Vieillards, la rue Saint-Dominique, la rue de l'Ange et la rue de l'Écu, qui vient aboutir sur la place de Jaude.

### Indication des rues où l'on voit encore des restes bien conservés d'anciennes constructions civiles.

L'intérieur de la maison n° 2, rue Terrasse; du n° 3, rue des Chaussetiers, et du n° 19; rue des Gras, n°s 14 et 34; place Saint-Pierre, n° 25; rue Fontgiève, n° 48. Cette dernière construction ne se comprend bien qu'en sachant que les pierres qui ornent la façade proviennent de l'ancien jubé de la Cathédrale. Rue du Port, n° 27 ; rue Barnier, n° 4 ; rue du Terrail, n° 3, anciennement la maison de l'historien SAVARON ; à Montferrand, diverses constructions autour de l'église.

### Cafés à visiter.

Le *café Lyonnais*, montée des Petits-Arbres ;
Le *café Baptiste* ou *des Officiers*, cours Sablon ;
Le *café Militaire*, place de Jaude ;
Le *café Balloury* et le *café de la Renaissance*, place Delille ;
Le *café Chouvet*, le *café de la Comédie*, près de la Comédie ;
Le *café de Paris*, place de Jaude ;
Le *café de la Poterne*, place de la Poterne ;
Le *café Chantant-Lyrique*, place de Jaude ;
Le *café chantant de la Perle*, rue de l'Écu.

### Poste aux Lettres.

*Bureau d'affranchissement* : Au poids-de-Ville, n° 29.
*Boîtes supplémentaires* : A la Préfecture ; à l'Hôtel-Dieu ; au fond de la rue des Gras, n° 52 ; à l'Évêché, rue Pascal, n° 4 ; rue des Jacobins, n° 2, et à Montferrand.

La première levée de ces boîtes a lieu à 6 heures du matin, et la dernière à 9 heures.

## Poste aux chevaux.

M. GORSSE, place de Jaude.

## Bains publics.

Rue de l'Eclache, n° 5 ; rue de l'Abbé-Girard,
n° 6 ; rue Sous-la-Tour-Notre-Dame, à la barrière ;
rue des Ursulines, n° 12 ; rue Sidoine Apollinaire,
n° 6 ; rue Sainte-Claire, n° 34 ; rue Blatin ; bain
mineral, rue des Chats, 42.

## Imprimeurs. — Libraires.

MM. AIGUEPERSE, rue Massillon, n° 2 ;
BERTHIER, rue Ballainvilliers, n° 3 ;
DUCHIER, libraire-bouquiniste, rue Saint-Es-
prit, n° 35 ;
FAIREROL, rue Saint-Genès, n° 12 ;
GRANGE, place Devant-Clermont, n° 1 ;
PARIS, rue Saint-Genès, n° 10 ;
PELLISSON (Mme), rue Saint-Genès, n° 46 ;
PEROL, imprimeur, rue Barbançon, n° 2 ;
THIBAUD frères, imprimeurs, rue Saint-Genès,
n° 10 ;
VALLEIX, libraire, rue Massillon, n° 15 ;
VEYSSET, imprimeur-libraire, rue de la Treille,
n° 14.

## Noms des personnes qui ont des collections scientifiques à Clermont-Ferrrand.

MM. ARMENGAUD, *tableaux*;

BOUILLET, *minéralogie, fossiles, médailles, coquilles*;

CHABROL (avoué), *médailles*;

COHENDY (archiviste) *minéraux, antiquités*;

CULHAT-CHASSIS, *zoologie, botanique*;

DESBOUIS (bibliothécaire), *iconographie spéciale à l'Auvergne*;

FABRE, *peinture sur verre, émaux*;

FAVARD (plâtrier), *minéraux*;

FAUCHER (l'abbé), *émaux*;

FOULHOUX (sous-bibliothécaire), *minéraux*;

GILBERTON (papetier), *minéraux*;

GRANGE fils (libraire), *médailles*;

LAIZER (le comte de) *minéralogie, fossiles*;

LARGÉ (ex-inspecteur), *médailles*;

LAUSSEDAT (luthier), *poterie romaine, reproduction d'objets d'art, dépôt d'incrustations de Saint-Nectaire*;

LEDRU (architecte), *médailles, antiquités*;

MATHUSSIÈRE (l'abbé), *idem*;

MAYMAT (capitaine retraité), *médailles, zoologie*;

MATHIEU (professeur de troisième au Lycée), *minéralogie, médailles, antiquités*;

MICHEL (avocat), *tableaux, émaux*;

Mioche (boulanger), *médailles, émaux, si-gillographie;*

Morin fils, *minéralogie d'Auvergne;*

Peghoux (docteur en médecine), *minéralogie, fossiles;*

Rousseau (teinturier), *minéralogie, fossiles;*

Talbot (dentiste), *vues d'Auvergne et costumes;*

Thibaud, *peinture sur verre;*

Thevenot, *peinture sur verre.*

## Cabinets et Ateliers de peinture.

MM. Delafoulhouse, Delorieux, Degeorges, Devedeux, Guillemot.

## Etablissements commerciaux d'horticulture.

MM. Benoît Morlet, barrière d'Issoire;

Cougout frères et Redon, barrière des Capucins;

Delusse, fils aîné, rue Saint-Jacques;

Felut (Amable), à Bien-Assis;

Felut-Foulhoux, place d'Espagne;

Felut-Chatart, rue Fontgiève;

Jaloustre-Morin, rue Sainte-Claire;

Speiser, jardinier en chef du Jardin des Plantes, rue Jolie.

## Amateurs fleuristes.

MM. BATHOL, rue des Peigneurs;
BAYLE (Charles), rue Sainte-Claire;
BRONNER, professeur d'allemand;
CARLIER, ex-vérificateur, place de Jaude;
CHAMPFLOUR (Martial), rue Barnier;
CUSSON (armurier), rue des Gras;
DOPARY, au champ de Manœuvre;
FAURE (François), place Delille;
FUCHS, belle orangerie à Saint-André;
LECOQ, directeur du Jardin-des-Plantes, rue de l'Éclache;
MAGAUD-DAUBUSSON, rue des Gras;
GIRAUD, pharmacien, rue Neuve;
PEGHOUX (Auguste), Marché-aux-Planches;
PELLISSIÈRE, docteur, rue Saint-André;
POURCHER, docteur, rue Ballainvilliers;
ROUX-LAVAL, rue des Notaires.

## Banquiers.

*Comptoir national*, à l'Hôtel-de-Ville. **Directeur** : M. ROUX-LAVAL.

*Banque de France*, rue Pascal, n° 24. **Directeur** : M. CAVY.

*Banquiers.* 
MM. BLANC et LACOMBE, rue Neuve, n° 10;
FORESTIER, rue Neuve, n° 22;
QUIQUANDON et COSTE, place St-Hérem, n° 24;

## Agents de Change.

MM. AUBERGIER-ROUX, rue des Gras ; n° 11 ;
BLATIN fils, rue du Port, n° 2 ;
GROISNE, rue du Billard, n° 22 ;
JAY fils, rue de la Treille.

## Agents généraux.

MM. QUESNE, rue de la Halle-aux-Toiles, n° 5 ;
TOURETTE, rue des Gras, n° 16 ;
PRADIER, place Saint-Genès, n° 23 ;
SARRE, boulevard de la Préfecture.

## Agents d'affaires.

MM. BRUGILIOLE, rue de l'Hôtel-Dieu ;
DOUCE, place de Jaude ;
MICHON, rue Saint-Genès ;
VAILLANT fils, rue Saint-Esprit.

## Tribunal de Commerce.

*Président* : M. RENOUX fils, tranchée des Gras.

*Juges* :
MM. COSTE et QUIQUANDON, place Saint-Hérem, n° 24 ;
JARTON aîné, place Delille, n° 15 ;
DESHAIRES-DOMERGUE, place St-Hérem, n° 25 ;
LAVANDIER-OLLIER, rue des Chaussetiers, n° 1.

2

*Juges suppl.* MM. Léon BLANC ;
VIGIER-MAYMAT ;
Auguste BONNABAUD ;
Félix ALBERT.

*Greffier* : M. BOUCHARDON, rue des Gras.

*Déf. agréés :* MM. PETITET, rue de la Treille,
n° 25 ;
LABOURIER, place St-Hérem,
n° 8 ;
ROUCHIER, rue de l'Ecu, n° 4 ;
JOUANNET, rue de l'Ancien
Hôpital, n° 6 ;
BAGÈS, rue Montlosier, n° 41 ;

*Huissiers :* MM. DUBERNARD, rue Neuve, n° 14 ;
MEYNIAL, rue St-Louis, n° 20.

Les audiences ont lieu les vendredis.

## Tribunaux de 1re instance.

*Président* : M. DESSAIGNE, rue du Port, n° 1.

*Vice-président* : M. BESSE de BEAUREGARD, place Thomas, n° 8.

*Juges :* MM. MARGERIDE, boulevard de la Pyramide, n° 3 ;
LUCAS-LAGANE, rue Montlosier,
n° 9 ;
BAYLE-BOTTE, place de l'Hôtel-
de-Ville ;
FAURE, place de Jaude.

*Juge d'instruction* : M. GODEMEL, rue Grégoire-
de-Tours, n° 11.

*Procureur de la république* : M. BURIN-DESRO-
SIERS, rue Blatin.

### Avocats.

MM. TIXIER, JOUVET, *bâtonnier*; FOURNET, HU-
GUET-MONTBUR, BOUTAREL, GAUTHIER-BIAUZAT,
GUILLAUME, PICHOT, BORIAS, MONTADER, DES-
MANÈCHES, MÈGE fils, *secrétaire*; BLATIN, HEULZ,
BONNET, BAYLE-BOTTE, BRASSIER, SAUNIER.

*Avocats stag.* : MM. BENEZY, GOUTORBE, LAS-
TEYRAS, CHRISTOPHE.

*Avoués* : MM. BONJOUR fils, PELLISSIÈRE, GRI-
MARD, CHABROL, GUILLAUME, SERRE, FEUILLADE,
MÈGE, LAMY, MASSIS, BERNARD, JARRON, MOREL,
BASTIDE, FOURNIER, GUYOT, SAURET, FRASEY,
CHARBONNIER, DUMONTAT.

*Husisiers aud.* :
MM. DARRAGON, rue l'Abbé-La-
coste, n° 8 ;
COURNOL, rue St-Genès,
n° 28 ;
ALLAIGRE, place St-Hérem,
n° 19 ;
AUGER, rue des Gras, 34 ;
RIBEROLLE, rue Tour-la-
Monnaie, n° 10 ;

| | |
|---|---|
| *Huiss. audienc.*<br>(Suite.) | JURIEN, rue l'Abbé-La-coste, n° 6 ;<br>AUZENAT, place Thomas, n° 2 ;<br>MOURLEVAT, place Desaix, n° 7 ;<br>TRILLARD, rue St-Genès ;<br>REDON, à la Mairie. |

## Notaires.

MM. CULHAT-LAROCHE, FABRE, MOLLIE, MAGE, BONNAY, LABROSSE, IMBERT, THÉALIER, GRANGE, TERRASSE, BIDEAU, à Montferrand.

## Finances.

*Receveur général* : M. ROMEUF.
*Payeur du département* : M. FALCON.
*Percepteurs* : MM. GUILLAUME, DESGOFFE, AR-CHAMBAULT.

## Contributions directes.

*Directeur* : M. SEIGNETTE.
*Contrôleur principal* : M. CALVINHAC.
*Contrôleurs* : MM. MOSSIER, deuxième division ; GOUMET, troisième division.

## Administration des Domaines.

*Directeur à Clermont* : M. BARRIÈRE, rue Pascal, n° 23.

*Inspecteur* : M. MICHON.

*Vérificateur* : M. HÉBRAY-D'HAURIMONT.

*Conservateur des Hypothèques* : M. NORMAND.

*Receveur du Timbre* : M. BELLIDENT, cours Sablon.

*Receveur des actes civils* : M. VIMAL.

*Receveur des actes judiciaires* : M. MICHEL.

*Timbreur* : M. LAFOSSE.

### Autorités civiles.

*Préfet* : M. CRÈVECŒUR.

*Conseillers de préfecture* : MM. FOURNET, LADEN, TRIOZON-BAYLE, BRASSIER, CLARION de BEAUVAL.

Les bureaux de la Préfecture sont ouverts tous les jours, excepté ceux fériés, à partir de midi.

### Députés au Corps législatif.

MM. Léon DE CHAZELLES.
DE MORNY.
DUMIRAL.
DE PIERRE.

### Mairie.

*Maire* : M. LÉON de CHAZELLES.

*Adjoints* : MM. AUBERGIER, LAROCHE, ROBERT.

*Secrétaire, chef des bureaux* : M. DOSIAS.

*Chef du bureau des contributions* : M. FAUCON.

*Chef du bureau de l'état-civil* : M. MORANGES.

*Receveur municipal* : M. ROUX-BLATIN, place Thomas, n° 8.

**2**

## Commissaires de police.

M. MARSAL, *commissaire en chef.*

M. LOGIER, rue Montlosier, n° 33, commissaire du 1er arrondissement, qui se compose de toute la partie nord de la commune, y compris Montferrand.

Il est limité par la rue du Bois-de-Cros, la rue Sainte-Magdeleine, la rue Saint-Dominique, la rue des Gras, la place Derrière-Clermont, la rue du Terrail, la rue Pascal, la rue des Ursulines, la rue de l'Oratoire, le boulevard du Grand-Séminaire et le chemin de la Croix-Morel.

M. REY, rue de l'Hôtel-Dieu, n° 28, commissaire du 2me arrondissement, qui comprend toutes les rues, promenades et places publiques, à partir de la ligne délimitative ci-dessus décrite.

## Médecins.

MM. ARTANCE, AUCLER, BABUT, BERTRAND fils, directeur de l'école de médecine; BONFILS, BONNABAUD, DALBINE, DESMANÈCHES, FLEURY (Victor), FOURNIER, à Montferrand, GOUYON, HOSPITAL, IMBERT, JOUVET, LIZET, MEUNIER, NIVET, PELLISSIÈRE, PÉGHOUX, PENISSAT, POURCHER aîné, POURCHER jeune, RIGAL, SADOURNY, SCHECK, SERCIRON, TIXIER-COURBAIRE.

## Messageries : place de Jaude.

*Messageries générales* : CAILLARD et CIE.
*Messageries nationales* : Hôtel de l'Europe.
*Berlines parisiennes*, n° 9.
*Messageries des postes*, n° 22.

## Voitures pour l'intérieur de la ville.

MM. REGIMBAUD, MONESTIER, VIGEOLAS (place de Jaude).

## Fabricants.

*Billards* : MM. COUTURIER, DUBREUIL.
*Bouchons* : M. BOUCHARD.
*Brasseurs* : MM. DEBRIGE, ENGELVIN et STEIN-HAUSSER.
*Caoutchouc* : MM. BARBIER et DAUBRÉE.
*Cardes* : M. BENOIT.
*Cartes* : MM. CLERMONT père et fils, COUGOULT, DUBREUIL, DUCAMUS-FOURREAU.
*Clous* : JOURDAN.
*Chandelles et cires* : MM. BOIVIN-BEAULATON, DRELON-REDON aîné, FAVIOT-BONNEFOY.
*Chapelleries* : MM. BROQUIN-THOMAS, BARDEY et ASTIER, BERNARDIN, BONNARD, BOUDET et le RODIER, CELME-DOMAS, GRANDET, GORCE, LAMY et CIE, MARQUET fils, Marc ROLAND, TAILLANDIER et CHOUVET.

*Chasubliers et ornements d'églises :* MM. DEBARD, DERRODE, GORCE-VACHIER.

*Chaudronniers :* MM. BARBIER et DAUBRÉE, PATY, COSTE, JOYAL, PEYRONON.

*Chocolat :* MM. DECORIO, DEVEDEUX, PEYRARD, à Royat, POUCHON.

*Colle forte :* M. DAUPLAS.

*Confiseurs :* MM. ANNA, BONNIÈRE, CHOUSSY et QUINETTE ; DOLLET-DÉPAILLET, DUFAUD-COLLIER, FAUCHIER-GIRARD, GARACHON, GAILLARD, GRITTY, LEMERLE, MEURANT jeune, PAGÈS-PURAY.

*Corroyeurs et tanneurs :* MM. BATTU, BOUYON, BOUTAREL, CHASSAING, COSTE, PABIOT, FAURE, GIRARD, JULIEN-CELME, NICOLA, NIVET, PRULIÈRE fils, RIBEROLLES, SALNEUVE, SÉNÉCHAL.

*Cotons :* M. LAGOUTE.

*Faïences :* M. LACOLONGE.

*Fécule de pommes de terre :* MM. BOUDET et DRELON.

*Fers et aciers :* MM. ALBERT frères, PRADIER-GILET.

*Fondeurs :* MM. BARBIER et DAUBRÉE, BORGET, COLIN, DELDEVEZ aîné, DUBOIS, LHÉRITIER frères, MICHALAND, SAUBIN.

*Facteurs de pianos :* MM. BONNENFANT, LAUSSEDAT, LIGIER, VÉRANI.

*Garance :* M. DUMAY et CIE.

*Luthiers* : MM. AIMÉ, LAUSSEDAT.

*Marbriers* : MM. MOLLIE fils, PALLE.

*Linge de table* : M. MALFERIOL-LAJOFRERIE.

*Mécaniciens-fondeurs* : MM. BARBIER et DAUBRÉE, DAUMAS, DONIOL (Guillaume), CUSSON, ESPINASSE, LAROSE aîné.

*Ébénisterie* : MM. AULIER, BONNENFANT, BAUVERT, BONY, BOUCHER, CATON, COUTURIER, DELAIRE, DUBREUIL, DUBUISSON, FAUCHER, HUE, GEORGET, LAFOND, LASSAIGNE, LHÉRITIER, LAUTIER, MEISSONNIER, QUINSAT, ROCHE, ROMEUF, SOUCHAL-TARDIF, VOLDOIRE.

*Huiles* : MM. GAMELCY-MONTMORY.

*Orfèvres et bijoutiers* : MM. ARTONNE, BONNET, BRANDELY, COIFFIER, CROUZEIX, DUBEST, EGUILLON, GILBERTON, LYON-CHEVALIER, MAYNAT aîné, PERRET frères, RABAYET, SIBERT.

*Pâtes françaises* : MM. BLANCHARD, CHATARD, MAGNIN, MICHELET, MIGNOL, MARGE, PIANELLO, RAMADE, RUNIX, TERMEUF.

*Pâtes de semoule et de vermicelle* : MM. AUDIGER, BERGER, BÉCHERAT, BIESSE, BOUCHER, Charles DURAUX, CHALATRU, CAPRILE, CLÉMENTEL et CATON, FOURNIER, DOMAS et CIE, GROS (François), GROS (Marien), LAFRANCE, LAMUR, LACHAMP, GAGNEVIN, GLODON, GUILLAUME aîné, GUILLAUME jeune, JARIS, MEIZEIX, MIGNARD, MONNET, MARTIN, MOURLEVAUX, MONNIER et BERTHIOL,

MIOCHE, MEZARD, MILLEROUX, MIGNIOL, NIVAT, ROMEUF et DUCHÉ, ROCHASSE, TARAVAN, VANTALON.

*Pelletiers* : MM. BERTRAND père et fils, CHAMBOND, CHAPUY-BERTRAND, PARISSE-LABONNE.

*Peignes* : COURTADON-RIOCOUR.

*Pharmaciens* : MM. ALANORE, CHOPART, GIRAUD, GAULTIER frères, GONOD, LAMBIT, LECOQ et BARGOIN, RAYNAUD, TEYSSEIDRE, TOUVIN.

*Pipes* : M. VAUDOIS.

*Sabots* : MM. BORRY fils, DUPRÈS, GARNOT, MARSAT (Etienne), MARSAT (Michel) et autres.

*Pointes de Paris et becquets* : MM. GIRARD, ROBERT.

*Salpêtre* : M. QUESNE.

*Selliers-carrossiers* : MM. Alexandre LABARRIÈRE, AUDIN, FAURE, LEPAGE, LHÉRITIER frères, LOUBIÈRE, PHILIPPION et CROUZEIX, MIGNOT, Georges KRONSKI, PAQUET.

*Statuaire* : DERRODE.

*Sucreries* :
- MM. HERBET, à Bourdon ;
- GARNOT, à Lavore ;
- LACROIX, à Palport.

*Tripoli* : MM. RIGAUDAUX-PERDRAUX, PHELUT-MÉTAUT.

*Vétérinaires*, MM. BUGHON, RACONNAT, MARRET, GAY, FLORAND.

*Vinaigreries*, *distilleries* : MM. Amenc frères, Barthomeuf, Boyer jeune, Dupuy, Rayne aîné et fils, Rayne jeune.

*Voitures*, *wagons* : MM. Andrieux, Berthuy, Remery, Torrent, les frères Bonne.

## Principaux commerçants en gros.

MM. Albert, fers.
    Amenc frères, vins, liqueurs.
    Barthélemy, papiers.
    Bernard, ferrements, clous.
    Bonnabaud, épicerie.
    Bony fils, sabots.
    Boyer, farine.
    Brunmurol, draperie.
    Chapuy-Bertrand, pelleterie.
    Chodessolle et Cie, épicerie.
    Clère-Vial, épicerie.
    Collangettes fils, nouveautés.
    Collangettes (Auguste), draperie.
    Collier et Cie, laines.
    Dechelette, rouennerie.
    Delaire, cuirs.
    Drelon et Cie, épicerie.
    Dissart, chanvre.
    Dupuy, liqueurs.
    Dumas, draps, rouennerie.
    Fabre frères, cotons.

MM. **Estelle-Parisse**, épicerie.

**Gerest** (Pierre), farines.

**Garnaud**, sabots.

**Guillaumont**, draperie.

**Jarton** aîné, quincaillerie.

**Jobert**, couleurs.

**Juillard**, quincaillerie.

**Lavandier** et **Ollier**, draperie.

**Lafarge**, draperie.

**Louis-Alligier**, mercerie.

**Marmier**, draperie.

**Milleroux**, faïence.

**Ollier** (Antoine), rouennerie.

**Phelut**, couleurs.

**Paris**, pelletier.

**Peigue** et **Cie**, mercerie.

**Palle** et **Cie**, quincailliers.

**Pestel**, épicier-droguiste.

**Palet** (jeune), rouennerie.

**Pradier-Roux**, fers.

**Perret** frères, bijoutiers.

**Quinsat-Boyer**, vins.

**Renoult** fils, draperie.

**Rigaudaux-Perdraux**, droguiste.

**Roux** aîné, quincaillier.

**Rosier**, couleurs.

**Rodde** et **Mallet**, rouennerie.

**Ruaux**, rouennerie.

**Roux**, marchand de toiles.

**Rayne** jeune, vins.

MM. RAYNE aîné, vins.

RICHOMME, nouveautés.

SALZE, toiles, sabots.

TARDIF, papiers.

TOURNADE, OSSAYE et C$^e$, soieries, draperie

VERRU, marchand de blanc.

VIDAL, soieries, draperie.

VIALLEFONT frères, droguistes.

ZEPPENFELD, zinc, bouteilles.

## Commissionnaires de roulage.

MM. SAUREL frères,

NOHEN,

PEROL,

ROSSIGNOL,      } place St-Hérem.

DÉSHAIRES-DOMERGUE,

SABATIER, rue Neuve ;

BONFILS, rue Fontgiève.

# DICTIONNAIRE

DES RUES, PLACES, PROMENADES, PASSAGES, CULS-DE-SAC, BARRIÈRES

DE CLERMONT, ETC., AVEC LES TENANTS ET LES ABOUTISSANTS.

| SECTIONS des Justices de paix | PAROISSES. | RUES, Places, Promenades, Culs-de-sac. | TENANTS. | ABOUTISSANTS. |
|---|---|---|---|---|
| Sud-ouest. | St.-Pierre. | r. du Cim.-St.-Adjut. | rue St.-Adjutor. | rue du Champgil. |
| Sud-ouest. | id. | rue St.-Adjutor | rue St.-Dominique. | rue des Vieillards. |
| Sud. | par. du Port. | rue des Aimés. | rue Barnier. | place du Port, |
| Sud. | St.-Genès-l.-C. | rue des Aises. | rue du Collége. | r. Neuve-des-Carmes. |
| Sud-ouest. | St.-Pierre. | rue d'Allagnat. | rue Torte. | rue d'Assas. |
| Sud et nord. | par. du Port. | rue Dallet. | rue Montlosier. | rue Barnier. |
| Nord. | St.-Eutrope. | rue St.-Alyre. | rue Ste-Claire. | barrière St.-Alyre. |
| Sud-ouest. | St.-Pierre. | r. St.-André (barrièr.) | | |
| Sud-ouest. | id. | r. St.-André (Haute.) | place du Champgil. | rue Haute-St.-André. |
| Sud-ouest. | id. | r. St.-André (Haute.) | rue Ste-Madeleine. | rue Ste-Catherine. |
| Nord et s.-o. | id. | rue de l'Ange. | rue St.-Dominique. | rue Ste-Rose. |

| Sections des Justices de paix | Paroisses. | Rues, Promenades, Culs-de-sac. | Tenants. | Aboutissants. |
|---|---|---|---|---|
| Sud-ouest. | St-Pierre. | pl. des Petits-Arbres. | rue St.-Esprit. | boul. de la Préfecture. |
| Nord. | St.-Eutrope. | r. St.-Arthème (gr.) | rue de la Garde. | Barrière. |
| Nord. | id. | r. St.-Arthème(petite) | grande r. St.-Arthème | rue de la Morée. |
| Sud-ouest. | St.-Pierre. | rue d'Assas. | rue de l'Hôtel-Dieu | place de Jaude. |
| Nord. | St.-Eutrope. | r. Sous-les-Augustins. | r. Neuve-Ste-Claire. | r. Sidoine-Apollinaire |
| Sud. | par. de Port. | pl. St.-Austremoine | r. du Grand-Sémin. | |
| Sud. | id. | r. Ant. d'Auvergne. | rue Savaron. | p. Michel de l'Hospit. |
| Sud et s.-o. | St.-Genès-l.-C. | rue Ballainvilliers. | rue St.-Esprit. | boul. de l'Hôtel-Dieu. |
| Sud-ouest. | St.-Pierre. | rue Bancal. | rue de l'Hôtel-Dieu. | rue d'Allagnat. |
| Sud. | St.-Genès. | rue Bansac. | place Delille. | barrière d'Issoire. |
| Sud. | Cathédrale. | rue Barbançon. | rue Domat. | rue du Terrail. |
| Nord et sud. | par. du Port. | rue Barnier. | rue du Port. | place d'Espagne. |
| Nord. | Cathédrale. | rue St.-Barthélemy. | place St.-Pierre. | rue des Gras. |
| Nord. | par. du Port. | rue Beauregard. | rue du Port. | rue Barnier. |
| Sud. | St.-Genès. | rue St.-Benoit. | p. du marché au Blé. | rue du Chapon. |
| Sud-ouest. | St.-Pierre. | rue du Billard. | Boul. de la Préfecture. | rue d'Assas. |
| Sud-ouest. | St.-Pierre. | rue Blatin. | place de Jaude. | Barrière. |
| Nord. | Cathédrale. | rue Boirot. | marché au Poisson. | place St.-Hérem. |

| SECTIONS des Justices de paix | PAROISSES. | RUES, Places, Promenades, Culs-de-sac. | TENANTS. | ABOUTISSANTS. |
|---|---|---|---|---|
| Sud-ouest. | St.-Pierre. | rue du Bois-de-Cros. | place de Jaude. | Barrière. |
| Nord. | Cathédrale. | rue des Bohêmes. | rue du Port. | rue Pascal. |
| Nord. | id. | rue des Bons-Enfans. | marché au Poisson. | place St.-Hérem. |
| Sud-ouest. | St.-Pierre. | r. des Bonnes-Femmes | rue de l'Hôtel-Dieu. | rue Jolie. |
| Sud-ouest. | St.-Genès. | rue du Bon-Pasteur. | boul de l'Hôtel-Dieu. | rue St.-Guillaume. |
| Nord. | Cathédrale. | r. de la Boucherie(gr.) | marché au Poisson. | place St.-Pierre |
| Sud. | par. du Port. | pas. de God. Bouillon. | place Delille. | rue des Jacobins. |
| Nord. | Cathédrale. | place de la Bourse. | rue des Gras. | pl. Devant-Clermont. |
| Nord. | par. du Port. | rue des Bughes. | r. S.-l'enclos-Ste-Clair. | Barrière. |
| Nord. | St.-Pierre. | rue Cachée. | pl. du Poids-de-Ville. | rue de l'Ange. |
| Sud-ouest. | id. | rue Cadène. | rue St.-Dominique. | rue du Bois-de-Cros. |
| Sud. | St.-Genès. | rue des Capucins. | pl. Michel de l'Hosp. | r. Sous-les-Capucins. |
| Sud. | id. | r. Sous-les-Capucins. | rue des Capucins. | Barrière. |
| Sud. | id. | r. Neuve-des-Carmes. | rue de l'Abbé-Girard. | pl. Mich. de l'Hospital |
| Sud. | id. | r. Pl.-F., des Carmes. | | r. Grégoire de Tours. |
| Sud. | St.-Pierre. | rue St.-Catherine. | rue du Passeport. | bar. Ste Catherine. |
| Sud. | par. du Port. | Ste. Catherine (bar.) | rue Ste Catherine. | |
| Sud. | St.-Genès. | rue des Champs. | rue Ballainvilliers. | rue de l'Eclache. |

| SECTIONS des Justices de paix | PAROISSES. | RUES, Places, Promenades, Culs-de-sac. | TENANTS. | ABOUTISSANTS. |
|---|---|---|---|---|
| Sud-ouest. | St.-Pierre. | rue du Champgil. | rue St.-Adjutor. | place du Champgil. |
| Sud-ouest. | id. | place du Champgil. | rue St.-André. | rue St.-Dominique. |
| Sud-ouest. | id. | r. Chapelle-de-Jaude. | rue Jolie. | rue Gonod. |
| Sud. | id. | pl. Chapelle-de-Jaude. | place de Jaude. | Barrière. |
| Sud. | St.-Genès. | rue du Chapon. | r. de l'Abbé-Lacoste. | cours Sablon. |
| Sud. | St.-Pierre. | rue Charretière. | rue Jolie. | rue de l'Hôtel-Dieu. |
| Sud-ouest. | St.-Eutrope. | rue des Chats. | rue St.-Alyre. | aux Eaux pétrifiantes, |
| Nord. | id. | passage Chaufour. | r. S.-l'Enclos-Ste-Cl. | rue Chaufour. |
| Nord. | id | rue Chaufour. | r. Neuve-Ste-Claire. | rue des Bughes. |
| Sud-ouest. | Cathédrale. | r. des Chaussetiers. | pl. de la République, ci-dev. Derr.-Clerm. | rue du Cheval-Blanc. |
| Sud-ouest. | id. | cul-de-s. des Chausse. | rue des Chaussetiers. | rue des Gras. |
| Sud-ouest. | id. | rue du Cheval-Blanc. | rue des Petits-Gras. | |
| Sud-ouest. | id. | cul-de-s. du Chev.-Bl. | rue du Cheval-Blanc. | rue Jolie. |
| Sud-ouest. | St.-Pierre. | r. de l'An.-Cimetière. | rue de l'Hôtel-Dieu. | rue de la Garde. |
| Nord. | St.-Eutrope. | rue Ste. Claire. | pl. du Poids-de-Ville. | rue des Bughes. |
| Nord. | id. | r. Sous-l'encl-Ste-Cl. | r. Neuve-Ste-Claire. | rue Chaufour. |
| Nord. | id. | t. neuve Ste. Claire. | place St.-Hérem. | |

| Sections des Justices de paix | Paroisses. | Rues, Places, Promenades, Culs-de-sac. | Tenants. | Aboutissants. |
|---|---|---|---|---|
| Nord. | St-Eutrope. | petite rue Ste.-Claire. | rue Ste-Claire. | rue Neuve-Ste-Claire. |
| Nord. | id. | r. Traver. Ste.-Claire. | rue Fontgiève. | rue Ste.-Claire. |
| Sud. et s.-o. | Cathédrale. | pl. Devant-Clermont. | rue des Notaires. | rue des Grands-Jours. |
| Nord et sud. | id. | pl. Derrière-Clerm. ou de la République. | | |
| Sud-ouest. | St.-Pierre. | rue du Coche. | rue du Terrail. | rue de la République. |
| Nord. | Cathédrale. | rue de la Coifferie. | rue du Billard. | place de Jaude. |
| Nord. | Cathédrale. | c.-d.-s. de la Coifferie. | rue des Gras. | marché au Poisson. |
| Sud. | St.-Genès. | rue du Collège. | rue de la Coifferie. | |
| Sud. | St.-Eutrope. | Courtial de St.-Alyre | rue Ballainvilliers. | |
| Sud. | par. du Port. | cul-de-s; du Courtial | rue St.-Alyre | rue des Aises. |
| Sud. | id. | rue Couronne. | b. du Grand-Sémin. | |
| Nord. | St.-Pierre. | rue Croix-du-Pavage. | rue du Port. | |
| Nord. | St.-Eutrope. | rue-St.-Cirgues. | rue Fontgiève. | place d'Espagne. |
| Sud. | par. du Port. | place Delille. | rue Fontgiève. | bar. St.-Cirgues. |
| Sud-ouest. | St.-Genès. | rue Neuve-Désaix. | b. du Grand-Sémin. | rue des Jacobins. |
| Sud-ouest. | id. | place Desaix. | rue Ballainvilliers. | place Désaix. |
| Sud et s.-o. | Cathédrale. | rue Domat. | rue Neuve-Désaix. | rue St.-Genès. |
| | | | pl. Derrière-Clermont | rue Massillon. |

| SECTIONS des Justices de paix | PAROISSES. | RUES, Places, Promenades, Culs-de-sac. | TENANTS. | ABOUTISSANTS. |
|---|---|---|---|---|
| Nord et s.-o. | St.-Pierre. | rue St.-Dominique. | rue de l'Ecu. | bar. St.-Dominique. |
| Sud. | St.-Genès. | rue de l'Echo. | barrière d'Issoire. | boul. de la Pyramide. |
| Sud. | id. | rue de l'Eclache. | rue du Chapon. | place de Jaude. |
| Sud-ouest. | St.-Pierre. | rue de l'Ecu. | rue St.-Louis. | r. St.-Vincent-de-Paul |
| Sud-ouest. | it.-Genès. | rue St.-Eloi. | rue Ballainvilliers. | |
| Sud-ouest. | id. | cul-de-s. de St.-Eloi. | rue St.-Eloy. | rue des Champs. |
| Sud. | St-Genès. | rue de l'Enfer. | rue de l'Abbé-Lacoste. | marché aux Poissons. |
| Nord. | Cathédrale. | rue de l'Ente. | rue de la Coifferie. | r. des Bonnes-Femm. |
| Sud-ouest. | St.-Pierre | r. du Petit-Escalier. | r. du Grand-Escalier. | rue Jolie. |
| Sud-ouest. | id. | r. du Grand-Escalier. | rue de l'Hôtel-Dieu. | nouv. pl. d'Espagne. |
| Sud. | par. du Port. | place d'Espagne. | place Delille. | rue du Port. |
| Sud. | id. | rue Espagnolette. | place d'Espagne. | place St.-Héren. |
| Sud. | id. | pl. d'Espagne (nouv.) | place d'Espagne. | pl. des Petits-Arbres. |
| Sud et s.-o. | Cath. et St.-G. | rue du St.-Esprit. | rue Ballainvilliers. | |
| Sud. | St.-Genès. | place de l'Etoile. | Cours Sablon. | rue des Vieillards. |
| Sud. | St.-Pierre. | rue de l'Etoile. | rue St.-Louis. | place St-Pierre. |
| Nord. | Cathédrale. | rue des Fauchers. | marché au Poisson. | rue des Fauchers. |
| Nord. | id. | r. des Pet.-Fauchers. | place St.-Héren. | |

| SECTIONS des Justices de paix | PAROISSES. | RUES, Places, Promenades, Culs-de-sac. | TENANTS. | ABOUTISSANTS. |
|---|---|---|---|---|
| Sud. | St.-Genès. | rue Forozan. | rue des Aises. | rue de la Treille. |
| Sud. | par. du Port. | r.Font.-de-la-Flèche. | rue Neyron. | rue du Grand-Sémin. |
| Sud. | id. | petite r. de la Flèche. | r. du Grand-Séminair. | rue de la Flèche. |
| Nord. | St.-Pierre. | rue Fontgiève. | pl. du Poids-de-Ville. | barr. de Fontgiève. |
| Nord. | id. | rue Haute-Fontgiève. | rue Fontgiève. | rue du Passeport. |
| Nord. | St.-Eutrope. | r. Traver.-Fontgiève. ou | rue Fontgiève. | rue Ste-Claire. |
| Sud et s.-o. | Cathédrale. | pl. de la Fratern. ou Derrière-Clermont. | rue St.-Genès. | rue de la République. |
| Sud-ouest. | St.-Pierre. | cul-de-sac de la Forge. | rue St.-Dominique. | rue Lagarlaye. |
| Sud-ouest. | id. | rue St.-François. | rue des Bonnes-Fem. | grande r. Ste-Claire. |
| Nord. | St.-Eutrope. | rue de la Garde. | rue St.-Alyre. | place Desaix. |
| Sud et s.-o. | Cathédrale. | rue St.-Genès. | pl. de la Fraternité. | rue des Chats. |
| Nord. | St.-Eutrope. | rue Ste.-Georges. | rue Ste Claire. | rue des Trois-Ponts. |
| Nord. | id. | pel. rue Ste-Georges. | rue Ste-Georges. | |
| Nord. | id. | cul-de-sac Ste-Georg. | rue Ste-Georges. | |
| Sud. | St.-Genès. | r. de l'Abbé-Girard. | r. Neuve-des-Carmes. | r. Grégoire de Tours. |
| Sud-ouest. | Cathédrale. | rue Gerest. | rue Neuve. | rue Halle aux Toiles. |
| Sud-ouest. | St.-Pierre. | rue Gonod. | place de Jaude. | Barrière. |

| SECTIONS des Justices de paix | PAROISSES. | RUES, Places, Promenades, Culs-de-sac. | TENANTS. | ABOUTISSANTS. |
|---|---|---|---|---|
| Sud. | Cathédrale. | r. des Grands-Jours. | pl. Devant-Clermont. | rue du Terrail. |
| Sud. | id. | pet. r. des Grands-Jo. | rue du Terrail. | t. des Grands-Jours. |
| Nord et s.-o. | id. | rue des Gras. | place des Gras. | rue de l'Ecu. |
| Nord. | id. | place des Gras. | place de la Bourse. | rue des Gras. |
| Sud-ouest. | id. | rue des Petits-Gras. | rue des Chaussetiers. | pl. Sugny ou des Cord. |
| Sud. | St.-Genès. | r. Grégoire de Tours | rue Massillon. | p. Michel de l'Hospit. |
| Sud. | St-Genès. | impa. Grég.-de-Tours. | rue Grégoire de Tours. | |
| Sud-ouest. | id. | rue St-Guillaume. | ruè St.-Jacques. | rue du Bon-Pasteur. |
| Sud-ouest. | Cathédrale. | r. Halle-aux-Toiles. | boul. de la Préfecture. | rue Gerest. |
| Nord. | id. | r. Halle-de-Boulogne. | rue Thomas. | rue Pascal. |
| Nord. | Cath. et St.-Eu. | place St-Hérem. | rue des Notaires. | pl. du Poids-de-Ville. |
| Nord. | Cathédrale. | r. de l'Ancien-Hôpit. | rue St.-Barthélemy. | r. St.-Louis. |
| Nord. | St.-Genès. | p. Michel de l'Hospit. | rue Marché-au-Blé. | cours Sablon. |
| Sud. | id. | r. de l'Hôtel-Dieu. | pl. des Petits-Arbres. | boul. de l'Hôtel-Dieu. |
| Sud-ouest. | Cath. et St.-G. | boul. de l'Hôtel-Dieu. | rue Ballainvilliers. | rue de l'Hôtel-Dieu. |
| Sud-ouest. | St.-Genès. | 4e cul-de sac de l'Hô-tel-Dieu. | | |
| Sud et nord. | Cathédrale. | p. de l'Hôtel-de-Ville | rue de l'Hôtel-Dieu. rue des Notaires. | rue Thomas. |

3 *

| Sections des Justices de paix | Paroisses. | Rues, Places, Promenades, Culs-de-sac. | Tenants. | Aboutissants. |
|---|---|---|---|---|
| Sud. | par. du Port. | rue des Jacobins. | place Delille. | bar. des Jacobins. |
| Sud. | id. | bar. des Jacobins. | rue des Jacobins. | route de Montferrand. |
| Sud et s.-o. | St.-Genès. | rue St-Jacques. | rue Ballainvilliers. | barrière St.-Jacques. |
| Sud-ouest. | St.-Pierre. | place de Jaude. | rue de l'Ecu. | r. de la Chapelle-de-J. |
| Sud-est. | id. | rue Jolie. | place de Jaude. | rue Lagarlaye. |
| Nord. | St.-Genès. | rue St-Joseph. | rue St-Jacques. | rue du Bon-Pasteur. |
| Sud-ouest. | St.-Pierre. | rue Lagarlaye. | rue de l'Hôtel-Dieu. | rue Jolie. |
| Sud. | par. du Port. | rue St-Laurent. | rue du Port. | rue. Neyron. |
| Sud. | St.-Genès. | rue l'Abbé-Lacoste. | rue Ballainvilliers. | rue de l'Enfer. |
| Nord. | St.-Pierre et C. | rue St-Louis. | pl. du Poids-de-Ville. | rue de l'Ecu. |
| Sud-ouest. | St.-Pierre. | rue Ste-Madeleine. | rue St-Louis. | rue St.-André. |
| Sud-ouest. | id. | c.-de-s. de Ste-Madel. | r. St.-Dominique. | |
| Nord. | St.-Genès. | Marché au blé. | rue Ballainvilliers. | |
| Sud et s.-o. | Cathédrale. | Marché au Poisson. | rue Boirot. | p. Michel de l'Hospit. |
| | Cath. et St.-G. | rue Massillon. | pl. de la Fraternité ou de la République. | rue de la Boucherie. |
| Sud-ouest. | St.-Pierre. | rue des Minimes. | rue St.-Dominique. | r. Grégoire de Tours. |
| Nord. | Cathédrale. | r. des Trois-Moineaux. | place St.-Pierre. | place de Jaude. |
| | | | | place St.-Hérem. |

| SECTIONS des Justices de paix | PAROISSES. | RUES, Places, Promenades, Culs-de-sac. | TENANTS. | ABOUTISSANTS. |
|---|---|---|---|---|
| Sud. | par. du Port. | rue Montlosier. | rue Sidoine Apollin. | place Delille. |
| Nord. | St.-Eutrope. | rue de la Morée. | rue Ste Claire. | bar. de la Morée. |
| Sud. | par. du Port. | c.-de-s. de la Morée. | place Delille. | |
| Sud. | St.-Genès. | Pont-de-Nau. | barrière d'Issoire. | rue des Gras. |
| Nord. | Cathédrale. | rue Neuve | pl. du Poids-de-Ville. | place Delille. |
| Sud. | par. du Port. | rue Neyron. | rue des Ursulines. | place de la Poterne. |
| Nord. | Cathédrale. | rue des Notaires. | pl. Devant-Clermont. | boul. du Grand-Sém. |
| Sud. | par. du Port. | rue de l'Oratoire. | rue des Ursulines. | ru.: de l'Enfer. |
| Sud. | St.-Genès. | rue du Paradis. | rue Ballainvilliers. | rue du Port. |
| Sud et nord. | par. du P. et C. | rue Pascal. | place du Terrail. | rue Fontgiève. |
| Sud-ouest. | St.-Pierre. | rue du Passeport. | rue Ste Rose. | rue du Passeport. |
| Sud-ouest. | id. | rue des Q.-passeport. | place du Champgil. | r. de la Chapelle-de-J. |
| Sud-ouest. | id. | rue des Peigneurs. | rue Jolie. | r. Neuve-Ste-Claire. |
| Nord. | St.-Eutrope. | rue du Pérou. | rue Ste-Georges. | pl. du Poids-de-Ville. |
| Nord. | Cathédrale. | rue St.-Pierre. | place St.-Pierre. | r. du Poids-de-Ville. |
| Nord. | id. | petite rue St.-Pierre. | place St.-Pierre. | rue St.-Pierre. |
| Nord. | id. | place St.-Pierre. | petite rue St.-Pierre. | rue St.-Pierre. |
| Nord. | id. | rue du Poids-de-Ville. | place St.-Pierre. | r. du Poids-de-Ville. |

| SECTIONS des Justices de paix | PAROISSES. | RUES, Places, Promenades, Culs-de-sac. | TENANTS. | ABOUTISSANTS. |
|---|---|---|---|---|
| Nord. | Cathédrale. | pl. du Poids-de-Ville. | rue Fontgiève. | place St.-Hérem. |
| Sud-ouest. | Cathédrale. | r. de l'an. Poids-de-V. | rue des Gras. | rue des Chaussetiers. |
| Nord. | St.-Eutrope. | des Trois-Ponts. | rue des Bughes. | rue Chaufour. |
| Nord. | id. | r. du Pont-de-Pierre. | rue St.-Arthème. | rue des Chats. |
| Nord et sud. | par. du Port. | rue du Port. | place de la Poterne. | place Delille. |
| Sud. | id. | place du Port. | rue du Port. | place d'Espagne. |
| Nord. | id. | glacis de la Poterne. | place de la Poterne. | rue Barnier. |
| Nord. | id. | place de Poterne. | rue des Notaires. | glacis de la Poterne. |
| Sud-ouest. | St.-Pierre. | boul. de la Préfecture. | pl. des Petits-Arbres. | place de Jaude. |
| Sud-ouest. | Cathédrale. | cul-de-sac de la Préf. | rue St.-Genès. | |
| Sud-est. | id. | rue Prévôte. | rue des Petits-Gras. | rue Terrasse. |
| Sud-ouest. | St.-Genès. | boul. de la Pyramide. | boul. de l'Hôtel-Dieu. | cours Sablon. |
| Nord. | Cathédrale. | rue des Trois-Raisins. | rue de l'Ente. | rue de la Boucherie. |
| Nord. | St.-Pierre. | rue Renoux. | rue d'Alagnat. | rue Jolie. |
| Sud-ouest. | Cathédrale. | rue de la République. | rue de la Fraternité. | rue des Chaussetiers. |
| Nord. | St.-Pierre. | rue Ste-Rose. | pl. du Poids-de-Ville. | rue Ste-Catherine. |
| Sud. | St.-Genès. | cours Sablon. | boul. du Grand-Sém. | boul. du Taureau. |
| Sud. | Par. du Port. | rue du Sauvage. | rue du Port. | rue Villeneuve. |

| SECTIONS des Justices de paix | PAROISSES. | RUES, Places, Promenades, Culs-de-sac. | TENANTS. | ABOUTISSANTS. |
|---|---|---|---|---|
| Sud. | Cath. et St.-G. | rue Savaron. | place du Terrail. | rue Massillon. |
| Sud. | par. du Port. | rue de la Sellette. | place Delille. | bar. de la Sellette. |
| Sud. | id. | pet. rue de la Sellette. | rue Montlosier. | bar. de la Sellette. |
| Sud. | par. du Port. | boul. du Grand-Sém. | place Delille. | cours Sablon. |
| Nord. | St.-Eutrope. | r. Sidoine Apollinaire | rue Montlosier. | rue des Bughes. |
| Nord. | par. du Port. | pl.Sidoine-Apollinaire | r. Sidoine-Apollinaire | rue des Bughes. |
| Sud-ouest. | Cathédrale. | pl.Sugny ou des Cord. | rue Terasse. | boul. de la Préfecture. |
| Sud-ouest. | St.-Eutrope. | Tannerie St.-Alyre. | rue St.-Alyre. | rue des Chats. |
| Sud. | St.-Pierre. | Tannerie St.-Domin. | rue St.-Dominique. | rue du Bois-de-Cros. |
| Sud. | St.-Genès. | place du Taureau. | rue Ballainvilliers. | |
| Sud. | id. | rue du Taureau. | rue Ballainvilliers. | rue de l'Eclache. |
| Sud. | id. | boulev. du Taureau. | boul. de l'Hôtel-Dieu. | cours Sablon. |
| Sud. | Cath. et St.-G. | r. du Terrail. | Pet. r. des Gr.-Jours. | place du Terrail. |
| Sud. | id. | place du Terrail. | rue du Terrail. | rue Pascal. |
| Sud. | Cathédrale. | rue Terrasse. | rúe St.-Genès. | rue des Chaussetiers. |
| Nord et sud. | id. | rue Thomas. | pl. de l'Hôtel-de-Ville. | rue Pascal. |
| Snd. | id. | place Thomas. | rue Thomas. | |
| Sud-ouest. | St.-Pierre. | rue Torte. | rue Jolie. | rue de l'Hôtel-Dieu. |

| SECTIONS des Justices de paix | PAROISSES. | RUES, Places, Promenades, Culs-de-sac. | TENANTS. | ABOUTISSANTS. |
|---|---|---|---|---|
| Nord. | Cathédrale. | rue Tour-la-Monnaie. | pl. Devant-Clermont | marché au Poisson. |
| Sud. | p. du P. et St-G. | r. Sous-la-T.-N.-Dame | cours Sablon. | Barrière. |
| Sud. | St.-Genès. | rue du Tournet. | rue Ballainvilliers. | boul. de l'Hôtel-Dieu. |
| Sud. | id. | rue de la Treille. | rue Massillon. | rue St.-Esprit. |
| Sud. | Cathédrale. | pet. rue de la Treille. | rue de la Treille. | rue St.-Genès. |
| Sud. | par. du Port. | rue Truie-qui-File. | rue Barnier. | place du Port. |
| Sud-ouest. | id. | pet. rue des Tueries. | rue de l'Hôtel-Dieu. | rue St.-Esprit. |
| | p. du P. et S.-G. | rue des Ursulines. | rue de l'Oratoire. | rue Neyron. |
| Sud. | par. du Port. | pet. rue des Ursulines. | rue Pascal. | rue des Ursulines. |
| Sud-est. | Cathédrale. | passage Vernine. | rue des Gras. | rue des Chaussetiers. |
| Nord et sud. | St.-Pierre. | rue des Vieillards. | rue de l'Ange. | rue du Passeport. |
| Sud. | par. du Port. | rue Villeneuve. | rue de l'Oratoire. | rue Neyron. |
| Sud. | Not.-D.-du-P. | c.-de-s. de la r. Villen. | rue Villeneuve, | |
| Sud-ouest. | St.-Genès. | rue St.-Vincent. | rue St.-Eloy, | rue de l'Hôtel-Dieu. |
| Sud et s.-o. | St-Gen. et Cat. | r. de l'Arcade (nouv.) | place Désaix. | rue St-Esprit. |

## Sections des Justices de paix.

### Clermont. — Sud-Ouest.

*Juge de paix* : M. IMBERT, place de la Poterne.

N *Juges suppléants* : { MM. MOLLIE, rue de la Treille ; SAUREL, à Beaumont.

*Greffier* : M. BERGOUNIOUX, place de Jaude, n° 36.

Les communes de Beaumont, Ceyrat et Saint-Genès-Champanelle, font partie de la section Sud-Ouest.

### Section Nord.

*Juge de paix* : M. MÈGE, rue St-Genès, n° 46.

L *Juges suppléants* : { MM. FEUILLADE, rue des Notaires ; FABRE, notaire, rue des Chaussetiers.

*Greffier* : M. MOUSSY, rue Saint-Genès.

Les communes de Chamalières, Royat, Durthol, Nohanent, Orcines, font partie de la section Nord.

### Section Sud.

*Juge de paix* : M. BAYLE-PRADON, rue Thomas.

*Juges suppléants* : { MM. VIMONT, avocat, place Desaix ; FLEURY, avocat, rue du Port.

*Greffier :* M. RIBEYRE, rue de l'Hôtel-Dieu.

La section du Sud comprend les communes d'Aubière et Romagnat.

### Section Est.

*Juge de paix :* M. FAURE, rue Montlosier.

*Juges suppléants :* MM. MARCLAND, à Cébazat ; GUILLAUME, avoué, petite rue des Grands-Jours.

*Greffier :* M. JOURDE, à Montferrand.

Les communes de Blanzat, Cébazat, Gerzat, Aulnat, Malintrat et Sayat, font partie de cette dernière section.

# ITINÉRAIRE

## OE CHAMALIÈRES, DE SAINT-MART, DE ROYAT, DE FONTANAT, DU PUY DE DOME,

### DIVISÉ EN PROMENADES.

Du marbre, de l'airain qu'un vain luxe prodigue,
Des ornements de l'art bientôt l'œil se fatigue;
Mais les bords, mais les eaux, mais les ombrages frais
Tout ce luxe innocent ne fatigue jamais.

DELILLE.

---

### Première promenade.

On part de la place de Jaude par la belle rue
Blatin (nom d'un ancien maire de Clermont); à
mesure qu'on avancera sur la route, il faut consi-
dérer le bassin qui se développe, bordé d'un coteau circulaire, paré à droite d'un riche vignoble
(Montjuzet et Chanturgues), célèbres jadis par
leurs temples à Bacchus et à Jupiter; à gauche, de
belles plantations; au milieu, le puy de Dôme, qui
s'élève sa tête pyramidale comme pour embellir le
tableau que l'on va parcourir.

A un demi-kilomètre de la barrière, on trouve un mur très-élevé, à droite de la route, où l'on aperçoit une croix dans l'intérieur d'une cour : c'est Sainte-Marie, ou maison du Bois-de-Cros, communauté destinée à recevoir les aliénés de plusieurs départements, fondée en 1835. Du même côté se distingue le bel établissement de santé de M. le docteur Pellissière, dont l'entrée est sur la route, et fermée d'une porte de fer; il fait suite à l'ancien bâtiment de l'abbaye Saint-André, construit en 1150 par le comte d'Auvergne, Guillaume V, dit le Grand.

Arrivé aux Champs-Elysées (charmant hôtel), à l'entrée du bourg, laissez la route à droite pour prendre le chemin de Chamalières.

Ce bourg est situé à un kilomètre de Clermont, dans une plaine très-fertile, au bas de coteaux de la plus riche production ; il est surmonté par des collines élevées qui servent de base aux montagnes supérieures.

Tout en ces lieux offre un aspect des plus pittoresques. La vue est récréée par de magnifiques prairies, des ruisseaux, des jardins, dont les noms seuls donnent une idée avantageuse; il est constamment sillonné (dans les beaux jours), par les voitures qui le traversent pour aller à Royat; rien n'y manque : brasseries, cafés, hôtels (1).

Le voyageur visitera les maisons de campagne

(1) Du 1ᵉʳ avril au 1ᵉʳ novembre, des voitures à volonté, qui stationnent sur la place de Jaude, mènent à Royat pour 50 centimes.

des alentours, telles que Saulce, Saint-Victor, Beaurepaire, Mont-Joli, Richelieu, Beaulieu, Belle-Vue et Fontmaure.

Mais avant tout l'église mérite l'attention des archéologues ; elle a été fondée par saint Genès, évêque de Clermont, en 650. Son clocher est moderne. Sur la place, devant l'église, on remarque deux arbres, un Sully et un 93, puis une fontaine à côté d'une modeste croix qui se trouve en face du presbytère.

Sur cette place se célèbrent deux fêtes, celle de Saint-Mart, le 25 avril, et la fête patronale, le **23** septembre.

Les villageois montrent à l'étranger la tour carrée, vulgairement nommée la Tour des Sarrasins ; elle a appartenu aux comtes d'Auvergne, et plus tard aux Dauphins.

Avant de quitter ce bourg, le voyageur devra visiter Beaulieu, avec les fossés près du pont, sur la nouvelle route. Cette maison de plaisance est digne de fixer l'attention. De la place de Chamalières, deux voies se présentent pour se rendre à Saint-Mart : l'une à gauche, très-étroite, où passent les voitures ; l'autre à droite, appelée la rue du pont de la Gravière. Si l'on prend cette dernière, on peut visiter Richelieu, près du pont, sur le chemin de Villars ; à droite, en sortant de Chamalières, sur le même chemin, plus haut, se trouve Fontmaure, sur le penchant d'une colline dont le site ne laisse rien à désirer.

A un demi-kilomètre de là on voit, sur le chemin de Villars, des restes de voie romaine assez bien conservés.

Revenons à la sortie de Chamalières. Vers le pont, le voyageur remarquera, le long de la route, un grand nombre de moulins. Ce chemin vient aboutir à celui de Saulce, nom de la propriété de M. de LA-VEDRINE. Il est mal entretenu et souvent humide, mais on est dédommagé par le chant des oiseaux et par le murmure d'un ruisseau limpide qui alimente une chaîne d'usines et de papeteries.

Arrivé au ruisseau qui traverse le chemin, on trouve plusieurs petits moulins, appelés les Moulins-des-Eaux à cause de leur charmante situation.

Derrière, est Saint-Victor, belle maison de campagne, au bas de laquelle coule le ruisseau de Royat, qui est à craindre dans les débordements.

Là, si l'on s'arrête, on admirera cette belle propriété, pittoresque tant par son site que par ses belles plantations, qui en font un séjour déli-cieux.

### Deuxième promenade.

Si, au contraire, on prend de la place de Chamalières le chemin qui se trouve à gauche, on arrive à la porte de fer de Mont-Joli, vers l'ancienne route. Le nom seul de cette propriété semble exciter la curiosité; et, en effet, peu de maisons de campagne sont aussi bien situées. Elle est entourée d'un mur qui borde le chemin, d'un magnifique jardin, de bocages qui forment des milliers de berceaux. Dans ce parc, il y a une cave creusée sous la coulée de Gravenoire, d'où s'exhale un gaz acide carbonique, qui est très-dangereux, surtout dans les temps d'orage. A la sortie de ce beau séjour, on reprend la route qui conduit à Saint-Mart.

Remarquez, en passant, le beau moulin de M. CHASSAIGNE, à droite de Mont-Joli, où se présente à la vue une treille des plus jolies.

Bientôt, la campagne toute gracieuse s'ouvrira devant le voyageur; un ruisseau limpide ( *la Tiretaine* ), guidera ses pas jusqu'à une arcade qui joint la montagne des Roches, à la propriété de Saulce, où l'on voit encore un reste de donjon féodal.

En avançant, on remarquera du même côté, des papeteries abandonnées, des moulins, la belle maison de campagne de M. MARTIN D'ALLES, entourée d'une grille de fer qui borde le chemin.

A gauche, la montagne des Roches, qui forme un tableau magnifique par la diversité de sa végétation. Cette côte se prolonge des bains de Royat jusqu'en face de Fontmaure, près la Poudrière.

## SAINT-MART.

On y visitera, avant d'arriver aux bains ; au-delà du ruisseau, dans la cour d'un moulin, une ancienne chapelle, qui a été l'oratoire de saint Mart et son tombeau ; elle date du VI⁰ siècle. Tout près, un reste d'aqueduc qui conduisait les eaux de Fontanat au château de VAIFRE, qui était sur la côte de Chatet, ou Grenier-de-César.

Le cœur commencera à s'émouvoir à la perspective des montagnes qui se présentent aux regards. Là, un air embaumé circule sous les touffes d'arbres ; ici, des plantes fleuries mêlent leurs tiges aux branches de l'aubépine ; le ruisseau, qui coule au milieu d'une verte prairie, répand une douce fraîcheur. L'œil suivra avec soin cette architecture champêtre et se perdra dans de riants paysages.

On arrive aux nouveaux bains, découverts en 1843, grâce au labeur de M. VEDRINE, curé de Royat.

Nous laissons aux gens de l'art le soin de peindre la propriété de ces eaux.

De l'autre côté du ruisseau, se voient encore les bains de César, dits de Saint-Mart.

Le grand nombre de constructions que l'on fait de toutes parts, et les buveurs qui y accourent dans la belle saison, font bien augurer du pronostic du célèbre chimiste Orfila, qui a dit que, dans peu de

temps, les chaumières de Royat ne seraient plus
que de superbes hôtels !

En face de la route, sont le moulin de l'Hôpital
et une fabrique de pointes adossée contre le rocher appelé vulgairement l'Hermitage ou le rocher
de Saint-Mart. Que l'on considère ces lieux es-
carpés, qu'on admire ces cavités : cet aspect parle
à l'esprit et au cœur.

Deux chemins conduisent des bains à Royat : l'un,
à droite et au-delà du ruisseau, près des moulins
de l'Hôpital (*ce sentier s'appelle la Rodonde*) ; là on
trouvera à acheter, dans une baraque en planches,
des produits minéralogiques d'Auvergne. Ce petit
chemin, escarpé et champêtre, conduit aux Greniers-
de-César, ou côte de Chatet, où était jadis le château de Vaifre, duc d'Aquitaine, que Pépin dé-
truisit en 761.

En montant, le voyageur admirera les beaux rochers de Saint-Mart, qui offrent un aspect tout à
fait pittoresque et sauvage. Par là on entend le
bruit incessant des nombreuses usines de cette
vallée. Par là, on arrive à la grotte sous l'ombrage
de majestueux châtaigniers dont on parlera plus bas.

### Troisième promenade.

Dans le cas où le voyageur voudrait suivre la
grand'route, il arrivera au regard de Lusseau, en
face de l'hôtel Conchon ( nouvellement construit).
Ici, l'on peut s'arrêter un instant pour contempler

ce nouveau tableau, ces collines, ces vignes, ces nombreux hameaux, ces vergers, ces monts, où l'on voit encore des restes de féodalité, cette plaine cultivée dont les champs paraissent à la vue comme d'immenses jardins. Au milieu de ce vaste espace, se voit la ville de Clermont avec sa gothique cathédrale. Quelle plume assez habile pourrait décrire ces lieux, si l'imagination ne venait y suppléer?

En se dirigeant vers Royat, on remarque près de la croix, à gauche de la route, sur le chemin de Belle-Vue, le réservoir des eaux (construction grotesque) qui alimentent les fontaines de Clermont.

A partir de ces lieux, le voyageur devra promener ses regards en tous sens, s'il veut qu'aucune curiosité ne lui échappe.

Belle-Vue est une charmante maison de plaisance qui domine sur toute la Limagne. Le chemin de Belle-Vue conduit à Montaudou, où l'on voit, sur le côté du nord-est, un reste de muraille romaine qui porte le nom de Muraille des Sarrasins. A droite on aperçoit Gravenoire, beaucoup plus élevée, dont les flancs sont couverts de scories et de pouzzolanes rouges, noires, etc., etc.

La perspective de ces montagnes est des plus belles. Si, au lieu d'aller à Belle-Vue, on suit la route de Royat, on arrive à un chemin situé à droite avant l'hôtel qui porte le nom *A ma Campagne* ; il conduit à des usines par une pente rapide. Les maisons placées dans le fond de la vallée

présentent une vue toute champêtre et digne des
plus habiles pinceaux. Que le voyageur s'arrête au
haut du chemin avant de descendre; c'est là que
viennent s'asseoir les peintres pour prendre le cro-
quis de la belle vallée de Royat, de sa gothique
église, de sa vieille tour, de Charade, du puy
de Dôme ; tous ces objets forment un tableau ra-
vissant.

Gravit-on le coteau de l'Echet, dit la Croix-de-
Saint-François, à gauche de la route, quelle magni-
ficence ! On domine la vallée, qui étale toutes ses
grâces avec somptuosité.

En revenant prendre la route en face de la Grâce-
de-Dieu ( nom d'un restaurant), deux chemins se
présentent pour se rendre à la grotte. Si l'on suit le
petit sentier derrière le restaurant, mal entretenu,
mais très-curieux, le voyageur remarquera plusieurs moulins au milieu d'une épaisse verdure,
des cascades tombant de rocher en rocher ; à gauche,
l'antique monastère de Royat avec son clocher moderne, le puy de Dôme, entre deux montagnes qui
semblent lui servir de piédestal, levant sa tête
altière jusqu'aux nues.

Si, au contraire, l'on prend la route à travers
le village de Royat, bâti dans une gorge entre deux
montagnes de basalte, on s'arrêtera pour visiter
l'église de style romano-byzantin ; elle date du
VIe siècle ; sa vieille croix, sur laquelle sont sculptés
les douze apôtres, et le vieux château qui sert de
presbytère. De la place devant l'église, on descend

4

dans la vallée par un sentier cahotant et peu large qui se trouve à droite en sortant de l'église. Le bruit des eaux qui augmente à mesure que l'on marche, indiquera au voyageur le chemin qui conduit à cette grotte merveilleuse, placée sous un courant de laves où la nature s'est fait jour, et d'où sortent de si belles eaux.

La voilà donc cette grotte célèbre chantée par des milliers de poètes et peinte par tant d'illustres pinceaux! Contemplez-la de près, et vous direz : Quelle plume, quel pinceau ont pu décrire tant de beautés !

Nous nous contenterons d'en donner les proportions. Le rocher qui la couvre est de 20 à 22 mètres d'épaisseur; sa largeur est de 8 mètres 66 centimètres; sa profondeur de 11 mètres; sa hauteur de 3 mètres. Sept jets d'une eau limpide et intarissable s'élancent continuellement dans un lavoir. Cette grotte est véritablement délicieuse.

Son aspect enchante également les yeux et les oreilles. On y lit une inscription latine dont voici la traduction :

« *Aux Muses, aux Génies, aux Nymphes de Royat, dont les eaux s'épanchent avec grâce pour la mémoire de son nom.* »

Cette inscription appartient à Gabriel SIMEONI, qui a écrit sur l'Auvergne; elle date de 1558. Les autres inscriptions appartiennent en partie à un nommé ŒUF-LA-LOUBIÈRE, ancien inspecteur des écoles primaires. L'eau qui alimente Clermont vient

de cette grotte. La conduite a été faite en 1528, par
Jacques AMBROISE, évêque de Clermont.

Avant de quitter ces lieux, on peut s'asseoir sur
le petit pont placé sur le ruisseau, d'où l'on pourra
contempler la cascade qui jaillit au milieu de la verdure, et qui vient mêler ses eaux limpides à
celles de la grotte, pour couler ensemble et passer
sous la roue des moulins et prendre le nom de Tiretaine.

Veut-on monter sous les châtaigniers que l'on voit
du pont? Il faut prendre le petit sentier en face de
la grotte. C'est là que le voyageur goûtera d'un vé-
ritable repos; là tout l'éblouit; c'est là que la
nymphe de Royat, entourée de sa brillante cour,
lui dira : « Vois sous tes pieds les fleurs qu'arrose
ce clair ruisseau; vois ces papillons voltiger de fleurs
en fleurs! O mortel, dans ces lieux touffus ta pensée
confondra ta pensée! »

Après avoir considéré tant de merveilles de la nature, le voyageur voudra s'éloigner; mais avant,
qu'il lise les inscriptions que chaque étranger s'est
plu à graver dans toutes les langues sur les rochers
épars qui ornent tous ces lieux pittoresques.

### Quatrième promenade.

#### DE ROYAT A FONTANAT.

On monte prendre le chemin de Fontanat à mi-
côte des châtaigniers; le cœur, moins ému, aura

encore à contempler d'autres tableaux. Parvenu à la montagne des Roches, un clair ruisseau coulera continuellement à gauche (si c'est un dimanche), et guidera le voyageur par son doux murmure jusqu'à Fontanat.

A la droite du chemin, est un rocher inculte où croît à peine le genêt. Royat se perd au milieu de la verdure pour le revoir bientôt sous les pieds et sous un autre aspect. A droite, près du chemin, le voyageur remarquera un restant d'aqueduc construit par les Romains et détruit en 761. Il est taillé dans le roc; il paraît et disparaît dans différents endroits. Il avait été creusé, disent les uns, pour conduire les eaux dans l'ancien château qui existait sur la montagne de Chatet, ou Grenier-de-César, dont on a déjà parlé; d'autres disent pour alimenter les fontaines de Clermont.

On voit, le long du chemin, le ruisseau qui se précipite de rochers en rochers, dont quelques-uns lèvent la tête et semblent dire au voyageur : « Tu es fatigué; voilà des sièges, repose-toi et considère ! »

A deux kilomètres de Fontanat, est la roche appelée vulgairement Percuisée (ou l'Arche naturelle), à gauche du chemin, en montant; de ce pic l'on voit, dans le fond de la vallée, des rochers qui semblent menacer Royat, que l'on dirait bâti sur les confins d'une vaste plaine qui se déroule jusqu'aux montagnes du Forez. De tous côtés on remarque d'énormes escarpements sur lesquels s'élèvent des bois touffus, des eaux sans cesse jaillissant dans des gouffres, produisant un effet qui enchante le voyageur ; si l'on se retourne, c'est un autre tableau moins riche, mais non moins curieux.

C'est le puy de Dôme, au milieu d'une belle verdure, qui semble avoir été transporté dans ces lieux pour commander à une infinité de petites montagnes qui l'entourent.

## ENTRÉE DE FONTANAT.

A l'entrée du village, on aperçoit le ruisseau qui se divise : une partie coule par la vallée de Villars, et l'autre, semblant accorder ses faveurs à sa terre natale et beaucoup plus abondante, arrose les prairies émaillées de cette belle vallée de Royat, où préside Pomone avec toute sa cour.

Le voyageur visitera de Fontanat les belles sources : la première, est la fontaine du Canard ou du Canal ; elle sort près d'un chemin, sur le bord d'une prairie, qu'elle arrose de ses eaux limpides et abondantes. Ces mêmes eaux alimentaient l'aqueduc dont on a déjà parlé. La deuxième s'appelle la fontaine des Eaux, parce qu'elle sort de trois endroits différents.

La troisième est la fontaine de FIFI, nom d'un des anciens propriétaires ; elle est aussi très abondante.

La quatrième est la fontaine du Cor, ainsi appelée à cause d'un cor qui a été adapté pour la faire

4 *

jaillir dans un réservoir. De cette dernière, on se rendra à la Font-de-l'Arbre, village assez mal bâti, pour y visiter la fontaine de chez PIERRAT, parfaitement située pour désaltérer le voyageur qui vient explorer ces lieux : elle abreuve les troupeaux qui paissent dans les environs. Toutes ces eaux diverses se réunissent et forment le ruisseau de Fontanat. Le nom de ces sources est celui qu'on leur donne dans le pays.

### Cinquième promenade.

On est trop près du puy de Dôme pour ne pas y pousser son excursion. Cette montagne, qui donne son nom au département, est bien digne d'être visitée. Sa hauteur, au-dessus du niveau de la mer, est de 1,468 mètres. Elle est célèbre par les expériences qu'y fit le jeune PASCAL sur la pesanteur de l'air. La plupart des naturalistes de l'Europe l'ont visitée.

Quand on est parvenu au sommet, la vue dont on jouit dédommage des fatigues de ce pénible trajet. Si l'on ne veut pas y aller par ce chemin, on prendra la grande route de Fontgiève jusqu'à la Baraque. Le côté du midi est le moins difficile à gravir.

Du sommet on aperçoit les départements de la Marche et du Limousin; au sud, la chaîne des monts Dômes, celle des monts Dores, le lac d'Aydat; à l'est, le bassin de la Limagne et de la Haute-

Loire. On y voit encore quelques restes d'une antique chapelle qui existait en 1648 ; elle était dédiée à saint BARNABÉ. En descendant, on visitera
le petit Puy-de-Dôme, le Nid-de-la-Poule, admirable cratère; sa profondeur est d'environ 89 mètres. Qu'on n'oublie pas de jeter un coup d'œil sur
le puy de Pariou, la plus intéressante des montagnes volcaniques d'Auvergne , sans oublier le
puy des Goules, le Grand-Sarcouy, les puys de
Lantegy, des Gouttes, de Chopine, de Coquille ,
de Jumes, etc., etc.

Revenez prendre la grand'route. Si l'on veut la
suivre pour redescendre à Clermont, on aura la
perspective de magnifiques paysages. Mais nous en-
gageons le voyageur à repasser par Fontanat, afin
de descendre par la vallée de Royat, car la déesse
de ces lieux serait jalouse de la faveur accordée à
ses voisines, si l'on quittait ces charmants parages
sans la visiter.

On descendra au milieu de prés fleuris; le ruisseau servira de guide jusqu'à l'entrée du village ;
un air plus doux succèdera à l'air trop vif de la
montagne d'où l'on descend.

Ici, ce ne sont plus des rochers stériles qui se
présentent à la vue : c'est un nouveau monde; c'est
un nouvel Eden qui éblouit l'œil et remplit l'âme
d'ivresse. Là apparaît Pomone, le front ceint de
guirlandes, qui tend la main au voyageur et qui
lui dit : « Viens avec moi visiter nos vergers et admirer dans mon empire les richesses de la nature !

Vois ce limpide ruisseau, tantôt frappant le flanc
d'un rocher, tantôt coulant à travers la prairie,
ombragée d'arbres fruitiers, paraissant et dispa-
raissant pour se montrer plus majestueux, et aller
tomber en cascade par mille jets devant la grotte de
Royat! O mortel, sors de ton lit de paresse, et viens
ici te livrer à une douce méditation. » C'est en ce
lieu que la nymphe de Royat s'entretient avec
le poète qui visite ces contrées. En suivant la
vallée, on arrive au bourg. Veut-on se reposer
avant de descendre à Clermont, que l'on choisisse
sur la route un des hôtels les mieux situés: on ré-
parera sa fatigue, en réunissant le confortable au
plaisir d'y jouir des beautés de la campagne.

### Retour à Clermont.

Le paysage se déroule à la descente sous un autre
aspect qu'à la montée.

Arrivé au regard de Lusseau, en face de l'hôtel
CONCHON, deux chemins se présentent pour se rendre
à Clermont : la grande route et le chemin des Roches. Si l'on prend ce dernier à droite, que de sta-
tions ne fera-t-on pas pour contempler les sites qui
s'offrent aux regards le long du chemin! Par là on
arrive, à travers les vignes, à la maison du grand
Séminaire, qui est des plus agréablement situées. --
Arrêtez-vous sur le seuil de la porte d'entrée, pour
admirer un panorama digne des meilleurs pinceaux.
C'est Clermont, avec ses édifices gothiques, à

droite, le puy de Crouël; plus loin, les coteaux qui bordent l'Allier, les riches vignobles de Chanturgues et de Montjuzet, qui se prolongent jusqu'à Durthol; à la gauche, ce sont les côtes arides de Villars, et dans le bas, les plus riches jardins potagers de l'Auvergne. En suivant ce chemin, on arrive à la porte d'entrée des Galoubis, charmante maison de plaisance des mieux situées; ce même chemin aboutit aux Salins. A droite se déroulent les charmants coteaux des vignes de Vallières, où s'élèvent de toutes parts une foule de petites tonnes. On trouve, sur la route, une école de natation dont le bassin est alimenté par le ruisseau; quelques arbres forment une allée jusqu'aux premières maisons de Clermont.

Arrivé à la barrière de Jaude, on visitera la fontaine d'eaux minérales appelées Eaux minérales de Jaude.

### Sixième promenade.

Si, au contraire, on descend par Saint-Mart, on viendra prendre l'ancienne route à Mont-Joli, à la sortie de Chamalières. A partir de là, le voyageur suivra, à gauche de la route, en descendant à Clermont, le beau verger de M. LACELLE, qui se prolonge jusqu'à la brasserie ENJELVIN. Du même côté, on voit une autre école de natation qui se trouve dans la propriété de Beaurepaire, appartenant à la famille de FÉLIGONDE : visitez en passant ces restes de féodalité. Il y a des fabriques de pointes et de ouates qui y sont annexées. A droite du chemin, se trouvent les eaux minérales des Roches, qui attirent, dans la belle saison, un grand nombre de buveurs. Une grille de fer en ferme l'entrée. Du même côté, on remarque le château des GALOUBIS ; belle exposition. Le voyageur reviendra prendre la grand'route. La poudrière se trouve à peu de distance des eaux ; elle est entourée d'un mur que l'on vient de garnir de meurtrières. La chapelle, qui sert d'entrepôt pour la poudre, était dédiée autrefois à Notre-Dame-de-Beaurepaire, et, plus tard, à saint FIACRE, patron des jardiniers.

De là, que l'on contemple les belles maisons de campagne qui se trouvent sur le territoire des Roches ; elles forment un amphithéâtre magnifique.

Arrivé à Clermont, on pourra visiter, en passant à l'entrée de Jaude, le jardin des Salles, fermé par une grille. On y voit encore une habitation dont une partie des murs est très-ancienne ; la façade du nord-ouest présente un genre de mosaïque assez bien conservé. Cet endroit se nomme le château des Sarrasins. Il a appartenu à la maison de LAFAYETTE.

# CURIOSITÉS

## DES ENVIRONS DE CLERMONT.

### ITINÉRAIRE DE GERGOVIA, PAR BEAUMONT, CEYRAT, MONTROGNON ET ROMAGNAT.

On prend la nouvelle route de Bordeaux, vers la rue Gonod, près Jaude, pour se rendre à Beaumont, village construit sur une coulée volcanique. Visitez l'église ; sa fête, qui est le lundi de Pâques, attire les villageois d'alentour.

Ceyrat. On y visitera un viaduc que les ponts et chaussées ont jeté sur un ravin.

Montrognon est à peu de distance de Ceyrat ; les ruines que l'on y voit, sont des restes d'un ancien château fort, que GUILLAUME VII, premier dauphin d'Auvergne, y fit bâtir en 1196. Il a été démoli par les ordres de Louis XIII. Romagnat est au pied de Montrognon. Ce village n'offre rien de remarquable ; son église a été récemment réparée.

De Romagnat, le voyageur se dirigera vers la montagne de Gergovia, où CÉSAR fut battu par VERCINGÉTORIX. Les archéologues et les minéralogistes ont fait tellement de recherches sur les ruines que l'on y voit, qu'il serait trop long d'en faire les détails ; mais les souvenirs qui s'y rattachent doivent seuls intéresser le voyageur.

## ITINÉRAIRE DE SAINT-VINCENT, PAR DURTHOL, NOHANENT ET SAYAT.

On suit la route du puy de Dôme jusqu'à une auberge nommée la Première-Baraque, pour prendre le chemin qui est à droite; il conduit directement à Durthol, placé au milieu des bois de haute futaie; de Durthol à Nohanent, village célèbre par ses belles sources, qui font la fortune de ses habitants, tous occupés au blanchissage.

Sayat, charmant petit village, qui a des fabriques d'étoffes, se trouve à trois kilomètres de Nohanent. On peut facilement descendre de là à Saint-Vincent, près Blanzat, pour y voir des sources magnifiques et de belles manufactures de toiles, etc. Les environs de ces villages présentent un aspect imposant et pittoresque bien digne de l'intérêt du naturaliste, du géologue, et surtout du peintre. Le chemin le plus varié pour se rendre à Saint-Vincent, est de passer par les Bughes et Chanturgues.

## ITINÉRAIRE DE BEAUREGARD PAR LE PUY DE LA POIX, LE PUY DE CROUEL ET LE PONT-DU-CHATEAU.

A cinq kilomètres de Clermont, sur la route de Lyon, on a le puy de la Poix à gauche de la route;

le puy de Crouël, à droite deux monticules, d'où suinte une poix épaisse dans les chaleurs d'été.

Sur la même route, à 18 kilomètres de Clermont, le Pont-du-Château, bâti dans une situation admirable. On remarque l'ancien château. De la place on y jouit d'un point de vue des plus rares.

Beauregard, que l'on voit de Pont-du-Château, est heureusement situé sur un plateau élevé; le voyageur visitera dans l'église le maître autel, le château, ancienne maison de plaisance des évêques de Clermont; il date du XVᵉ siècle. Du haut de la terrasse, on voit onze villes et quatre-vingt-dix bourgs ou villages.

## ITINÉRAIRE DE PONTGIBAUD, PAR RIOM, MOZAT, TOURNOEL, ENVAL ET VOLVIC.

Riom, sous-préfecture, à 12 kilomètres de Clermont, possède de charmantes promenades. Ses principaux édifices sont : le Palais-de-Justice, l'ancienne Sainte-Chapelle où sont déposées les archives, la Maison centrale, la Tour de l'horloge, l'Hospice, l'église de Saint-Amable, celle du Marthuret, le Château d'eau et quelques fontaines, sans oublier plusieurs anciennes constructions civiles dans la rue qui conduit à la Sainte-Chapelle.

Mozat, à un kilomètre de Riom. On y voit une des plus anciennes églises de l'Auvergne. Tout près la belle manufacture de toiles de M. Albert.

Le château de Tournoël, sur la même route, est un reste de ruine féodale; le donjon et quelques-unes de ses tours sont assez bien conservés. De la plate-forme du donjon, on jouit d'une superbe vue qui s'étend sur la belle Limagne. Charles d'Apchon en était le gouverneur, et le défendit en 1590 contre les Ligueurs. Il périt dans une sortie. Ce château fut de nouveau assiégé en 1594.

Le village d'Enval est à peu de distance de Tournoël; sa sauvage vallée mérite de fixer l'attention des minéralogistes et des dessinateurs.

Volvic, à 5 kilomètres de Riom, est bâti sur la lave; on y visitera l'église, le musée à la mairie et ses belles carrières, sans oublier ses chantiers nombreux où l'on taille la pierre pour tous les points de la France.

Pontgibaud, à 25 kilomètres de Riom, possède un vieux château et des mines de plomb argentifère qui sont richement exploitées. Près Pontgibaud, à Chavanon, on voit une grande fonderie. Les environs abondent en minéraux.

## CURIOSITÉS DU MONT-DORE ET DE SES ENVIRONS.

Le Mont-Dore est situé dans une vallée toute pittoresque, entourée de montagnes riches en minéraux et en plantes médicinales.

La saison des eaux commence du 20 au 25 juin.

L'étranger visitera le village, l'établissement thermal (construction parfaitement en harmonie avec la sévérité du climat), les beaux restes du temple romain appelé le Panthéon, la vallée du Mont-Dore, la grande Cascade, le ravin des Egravats, le roc de Cuzeau, la vallée de la Cour, la gorge des Enfers, la Dore et la Dordogne, leur cascade, le salon de Mirabeau, le Capucin, le plateau du Rigolet avec ses scieries, les cascades de Queureilh, du Rossignolet, de la Vernière, la roche du Siége ou la Roche-Vendeix, le hameau de la Bourboule, la Roche-Sanadoire et la Roche-Tuilière, le lac de Guery, le pic de Sancy (point le plus élevé du centre de la France; il a 1889 mètres au-dessus du niveau de l'Océan). De l'autre côté du pic, la chapelle de Vassivière qui date de 1515, le lac de Chauvet et ses forêts, les lacs de Chambedaz, de Moussenière, d'Estivadou, de la Godivelle (ancien cratère), la montagne de Brion (un jour de foire); le lac de la Bourboule, le lac Pavin (des plus curieux), le creux de Soucy et le cratère de Montchalme.

## Curiosités de Saint-Nectaire et de ses environs.

Le vieux château, l'église, une des plus belles d'Auvergne, les excavations du mont Cornador avec son dolmen, les grottes où coulent les sources

incrustantes si renommées. Les environs de Saint-
Nectaire offrent aux dessinateurs des sites dignes
des pinceaux les plus célèbres. Que l'étranger n'oublie pas de visiter la cascade du Saillant, celle des
Granges, sans oublier plusieurs restes de monuments druidiques, bien dignes de fixer l'attention.
Les sources de Sachat, les caves de Jaunas, près
Besse et le château de Murol, qui a appartenu à la
famille d'Estaing jusqu'à 1745. Les étrangers visi-
teront, au village du Chambon, le lac et la petite
chapelle dans le cimetière ; elle est classée au nombre des monuments les plus anciens de l'Auvergne.
Parmi les fontaines incrustantes, celles de Saint-
Nectaire sont des plus belles ; l'incrustation est des
plus délicates.

## AUTRES CURIOSITÉS DES ARRONDISSEMENTS VOISINS, BIEN DIGNES D'ÊTRE VISITÉES PAR LE VOYAGEUR.

On visitera la ville de Thiers, dont le site est des
plus beaux. Ses papeteries, ses ateliers de coutelle-
rie. Les environs sont sauvages et pittoresques, les
rochers de Chignor-Saint-Remy et ses environs.
Dans le canton de Châteldon, les eaux minérales.
Puy-Guillaume, avec ses scieries hydrauliques.

A Issoire, la halle au blé, les promenades. Dans
les environs, les petites villes d'Usson et de Vodable, sans oublier leurs restes de châteaux féo-

daux. Les vallées argileuses de couleur rouge et verte du village de Boude. Les belles colonnades basaltiques de Rantière, dans le canton d'Ardes. Le village de la Roche. A Ardes, l'église, son vieux château, les environs.

A Vic-le-Comte, la Sainte-Chapelle, fondée par les anciens comtes d'Auvergne.

A Ambert, l'église, les papeteries, les filatures de laine, les fabriques d'étamines à pavillon pour marine, lacets, jarretières, etc.

Dans les environs, les rochers de la commune de Job. Pierre-sur-Haute (d'où l'on jouit d'un beau point de vue). La petite ville d'Arlanc, au pied de la Dore, etc.

# FOIRES

## DU DÈPARTEMENT DU PUY-DE-DOME.

JANVIER.— Le 3, Marsac; 5, Biòlet, Ancizes; 7, Ardes; 8, Montel-de-Gelat; 10, Pontgibaud; 13, Celles; 16, Lamontgie, Miremont; 17, Herment, Larodde; 20, Bourg-Lastic, Saint-Gervais; 25, Ardes, Latour; 26, Issoire; 29, Giat; le premier mardi du mois, à Courpière; le premier lundi de chaque mois, au Vernet-d'Issoire; le premier mardi de chaque mois, à Rochefort; le second mercredi de chaque mois, à Jumeaux; le second jeudi du mois, à Ambert; le 14 de chaque mois, à Messeix.

*Foires mobiles du Carnaval.* — Le mercredi après les Rois, à Blot-l'Eglise; le vendredi après les Rois et le vendredi avant les Cendres, à Montferrand; le deuxième mercredi après les Rois, à Saint-Pardoux; le dernier mercredi du Carnaval, à Herment; le jeudi gras, à Pontgibaud.

FÉVRIER. — Le 3, Combronde, Lamontgie, Montel-de-Gelat, Ris; 15, Bourg-Lastic, Vollore-Ville; 16, Giat; 17, Larodde; 25, Pontaumur, Chapdes-Beaufort; le premier lundi du mois, à Billom; le premier jeudi, à Pont-du-Château; le second jeudi, à Ambert; le troisième samedi, à Lezoux.

*Foires mobiles du Carême.* — Le mercredi des Cendres, à Riom; le premier vendredi de Carême, à Celles; le premier samedi de Carême, à Châteldon, Marsac, Tauves; le premier lundi de Carême, à Maringues, Sauxillanges; le second mardi de Carême, à Aigueperse; le second jeudi de Carême, à Montel-de-Gelat, Thiers; le mercredi avant la Mi-Carême, à Herment; le samedi de la troisième semaine de Carême, à Viverols; le vendredi avant la Mi-Carême, à Latour; le vendredi de la Mi-Carême, à Montferrand; le lundi après la Mi-Carême, à Arlanc; le mardi de la Passion, à Saint-Remy; le jeudi avant les Rameaux, à Blot-l'Église, Saint-Dier; la veille des Rameaux, à Lachaux; le lundi saint, à Maringues, Saint-Gervais, Augerolles, Ardes, Saint-Anthême; le mardi saint, à Clermont, Montaigut, Pionsat; le mercredi saint, à Ambert; le jeudi saint, à Saint-Germain-Lembron; le vendredi saint, à Saint-Germain-l'Herm.

MARS.— Le 1, Ancizes; 3, Champeix; 12, Giat; 14, Latour; 17, Larodde; 20, Bourg-Lastic; 21, Tours; 22, Pontgibaud; le samedi après le 15, à Saint-Amand-Tallende; le samedi après le 24, à Olliergues; 26, Combraille, Manzat; le premier mardi du mois, à Courpière; le second jeudi, à Menat.

AVRIL. — Le 1, Brassac, Vollore-Ville; 5, Plauzat; 6, Saint-Saoves; 10, Bagnols; 15, Giat, Puy-Guillaume; 17, Larodde; 20, Bourg-Lastic, Sauxillanges; 21, Olby; 23, Ambert, Combronde, Ris, Saint-Germain-l'Herm, Saint-Genès-Champespe, Vic-le-Comte; 24, Tracros; 25, Laqueuille, Manglieu, Volvic, Mauzun; le mercredi après le 25, à Cunlhat; le premier jeudi du mois, à Tauves; le dernier mardi, à Courpière; le dernier jeudi, à Pont-du-Château; le second samedi, à Lezoux.

*Foires mobiles d'après Pâques.* — Le lundi de

Pâques, à Vollore-Montagne ; le mardi, à Montaigut, Saint-Bonnet-le-Chastel, Viverols ; le mercredi, à Orcival, Montel-de-Gelat, Mauzun, Randan, Saint-Pardoux ; le jeudi, à Thiers, Ancizes ; le lundi de Quasimodo, à Maringues, Issoire, Herment, Besse. Vertolaye ; le jeudi après Quasimodo, à Blot-l'Église ; le deuxième lundi après Quasimodo, à Arlanc ; le mercredi, quinze jours après Pâques, à Montboissier.

MAI. — Le 1, Mozac, Aubusson ; 2, Saint-Amant-Roche-Savine, Brion, Lamontgie ; 3, Anzat-le-Luguet, Banson, Pionsat, Bagnols ; 4, Chapdes-Beaufort ; 6, Tours, Châteldon, Besse, Viverols, Herment, Martres-de-Veyre, Saint-Pierre-le-Chastel ; 8, Saint-Amant-Tallende ; 9, Clermont, Latour ; 11, Aigueperse ; 12, Murat-le-Quaire, Giat, Blot-l'Église ; 14, Saint-Gervais ; 15, Champeix, Tauves ; 17, Larodde ; 18, Église-Neuve-d'Entraigues, Montel-de-Gelat, Lachaux ; 20, Cébazat, Bourg-Lastic ; 22, Besse, Combraille ; 25, Brion, Saint-Rémy ; 27, Murols ; 30, Saint-Anthême ; 31, Mauzun ; le samedi après le 3, à Ollierges ; le premier jeudi du mois, à Saint-Dier.

*Foires mobiles des Rogations et de l'Ascension.* — Le lundi des Rogations, à Ardes, Augerolles, Billom, Maringues, Pontaumur ; le jeudi avant l'Ascension, à Thiers ; la veille de l'Ascension, à Ancizes ; le lendemain de l'Ascension, à Ambert, Orcival.

JUIN. — Le 1, Menat, Randan, Saint-Germain-Lembron, Vollore-Ville ; 4, Manzat ; 6, Combronde, Miremont ; 8, Saint-Nectaire ; 11, Pontgibaud, Tours, Saint-Germain-l'Herm ; 14, Puy-Guillaume, Ardes ;

16, Herment, Brion ; 17, Larodde ; 18, Lachaux; 19, Latour; 20, Saint-Gervais, Bourg-Lastic; 21, Saint-Remy; 23, Clermont, Artonne, Pontaumur, Ris, Montboissier ; Viverols ; 24, Murat-le-Quaire, Aubusson ; 25, Vic-le-Comte, Montel-de-Gelat, Maringues, Saint-Amant-Roche-Savine, Brion ; 26, Montaigut, Saint-Sauve, Saint-Pierre-le-Chastel ; 28, Menat, Chapdes-Beaufort, Bagnols; 30, Saint-Anthème, Besse, Giat, Sauxillanges, Plauzat; le premier jeudi du mois, à Tauves ; le lundi après le 11, à Riom ; le mardi avant la Saint-Jean, à Courpière ; le quatrième samedi, à Lezoux.

*Foires mobiles de la Pentecôte.* — Le lendemain de la Pentecôte, à Billom, Maringues, Celles ; le mardi de la Pentecôte, à Montaigut, Viverols ; le mercredi de la Pentecôte, à Saint-Pardoux, Latour ; le jeudi de la Pentecôte, à Thiers ; le samedi après la Pentecôte, à Saint-Amant-Roche-Savine ; le second lundi après la Pentecôte, à Aurières.

JUILLET. — Le 1, Tauves ; 3, Blot-l'Eglise ; 11, Tours, Église-Neuve-d'Entraigues ; 12, Pontgibaud, 17, Montel-de-Gelat, Grandrif, Larodde; 18, Lachaux; 19, Herment; 20, Bourg-Lastic, Celles; 22, Lamontgie, Mauzun, Brion, Châteaugay; 23, Laqueuille, Viverols; 26, Giat, Ardes, Saint-Germain-l'Herm, Ancizes; 27, Latour; le premier lundi du mois, à Billom; le lundi après le 7, aux Martres-de-Veyre; le second jeudi du mois, à Ambert; le dernier jeudi, à Thiers; le mercredi après le 20, à Cunlhat; le samedi après le 26, à Olliergues.

*Foires mobiles de la Fête-Dieu.* — La veille de la Fête-Dieu, aux Ancizes; le lundi après la Fête-Dieu, à Ambert; le second lundi après la Fête-Dieu, à Arlanc.

AOUT.—Le 1, Saint-Anthême, St-Genès-Champespe, Sauxillanges, Chapdes-Beaufort; 3, Herment; 4, Cébazat; 6, Courpière; le lundi après le 6, à Arlanc; 7, Brion; 10, Tours, Pontgibaud, Châteldon, Issoire; 11, Riom, Eglise-Neuve-d'Entraigues; 14, Puy-Guillaume, Orcival; 16, Clermont, Miremont; 17, Blot-l'Eglise, Larodde; 20, Bourg-Lastic, Ancizes; 22, Giat, Menat, Brion; 24, Aubusson, Anzat-le-Luguet; 25, Besse, Saint-Remy; 26, Aurières, Aigueperse, Montel-de-Gelat, Saint-Amant-Roche-Savine, Lamontgie; 28, Montboissier; 29, Veyre, Saint-Gervais, Marsac, Latour, Saint-Pierre-le-Chastel; 30, Randan, Combronde; le premier jeudi du mois, à Tauves, Pont-du-Château; le second jeudi, à Ambert; le lundi après l'Assomption, à Grandrif.

SEPTEMBRE. — Le 1, Billom, Viverols, Brion, Combraille, Celles, Olmet; 2, Saint-Sauves; 3, Champeix; 6, Plauzat; 7, Ancizes; 9, Chignat, Orcival, Pontaumur; 10, Ambert, Lachaux, Saint-Pardoux; 12, Martres-de-Veyre; 13, Bagnols; 14, Brion, le Crest, Saint-Bonnet, près Riom, Volvic, Pionsat, Thiers, Saint-Anthême, Banson; 16, Giat, Augerolles; 17, Larodde; 18, Sauxillanges; 20, Bourg-Lastic; 21, Artonne, Vollore-Ville, Ris, Montboissier; 22, Cournon, Montel-de-Gelat, Besse, Lamontgie; 24, Murat-le-Quaire; 27, Saint-Germain-l'Herm, Randan, Blot-l'Église; 29, Mauzun, Tracros, Vic-le-Comte, Ennezat, Saint-Bonnet-le-Chastel, Olliergues, Viverols, Ardes; 30, Brassac; le premier lundi du

mois, à Maringues; le premier jeudi, à Herment,
Tauves; le mercredi après le 14, à Cunlhat; le samedi,
veille de la célébration de Notre-Dame, à Issoire ; le
mardi qui suit la célébration de Notre-Dame , à Montaigut; le premier samedi du mois, à Lezoux ; le
dernier mardi, à Courpière.

OCTOBRE. — Le 1, Saint-Remy, Ambert ; 2, Giat,
Pontgibaud ; 4, Saint-Anthême; le lundi après le 5 ,
à Vertolaye; 6, Brion, Plauzat; 7, Latour, Saint-
Germain-Lembron; 8, Besse ; 9, Biolet; 10, Vollore-
Ville; 13, Saint-Saturnin, Tours; 14, Ancizes; 17,
Larodde ; 18, Laqueuille, Montel-de-Gelat, Saint-
Germain-l'Herm, Vodable, Saint-Genès-Champespe ;
19, Riom; 20, Bourg-Lastic; 21, Pontaumur; 22,
Murat-le-Quaire; 26, Saint-Sauves; 28, Combronde,
Saint-Bonnet-le-Chastel, Ardes, Olby ; 29, Thiers,
Murols, Herment; 31, Montboissier; le premier lundi
du mois, à Billom; le second mardi, à Aigueperse.

NOVEMBRE. — Le 2, Aubusson, Maringues, Ro-
chefort; 3, Saint-Gervais ; 5, Ambert, Saint-Amant-
Tallende; 8, Aurières; 9, Eglise-Neuve-d'Entraigues;
10, Augerolles, Saint-Anthême; 11, Clermont, Ris,
Marsac; 12, Chargnat; 13, Ardes, Champeix ; 15,
Giat, Pontgibaud; 16, Puy-Guillaume ; 17, Larodde ;
18, Montel-de-Gelat, Besse; 19, Herment; 20, Bourg-
Lastic; 21, Randan ; 23, Viverols; 25, Châteldon,
Saint-Amant-Roche-Savine , Eglise-Neuve-d'Entrai-
gues, Martres-de-Veyre, Combraille ; 28, Manglieu,
Lachaux; 29, Menat, Vollore-Ville, Biolet; 30, Roche-
Dagoux; le lundi après la Toussaint, à Arlanc; le
jeudi après la Saint-Martin, à Blot-l'Église ; le

troisième mardi du mois, à Courpière ; le mercredi après le 15, à Cunlhat ; le premier jeudi du mois, à Saint-Dier ; le dernier jeudi, à Pont-du-Château.

DÉCEMBRE. Le 1, Aigueperse, Pontaumur, Ambert, Saint-Nectaire ; 3, Sauxillanges ; 4, Miremont ; 5, Plauzat ; 6, Latour ; 7, Ancizes ; 9, Bourg-Lastic ; 13, Giat, Chapdes-Beaufort, Ardes ; 14, Tauves ; 17, Larodde ; 20, Bourg-Lastic ; 21, Montel-de-Gelat ; 22, Saint-Amant-Tallende, Herment, Biolet, Olliergues, Lamontgie ; 24, Pontgibaud ; 26, Billom, Vic-le-Comte, Saint-Germain-Lembron ; le premier vendredi du mois, à Montferrand ; le premier samedi, à Lezoux ; le premier mercredi de l'Avent, à Saint-Pardoux ; le lundi avant Noël, à Maringues ; le jeudi avant Noël, à Thiers ; le lundi après Noël, à Arlanc ; le mardi après la Saint-André, à Montaigut.

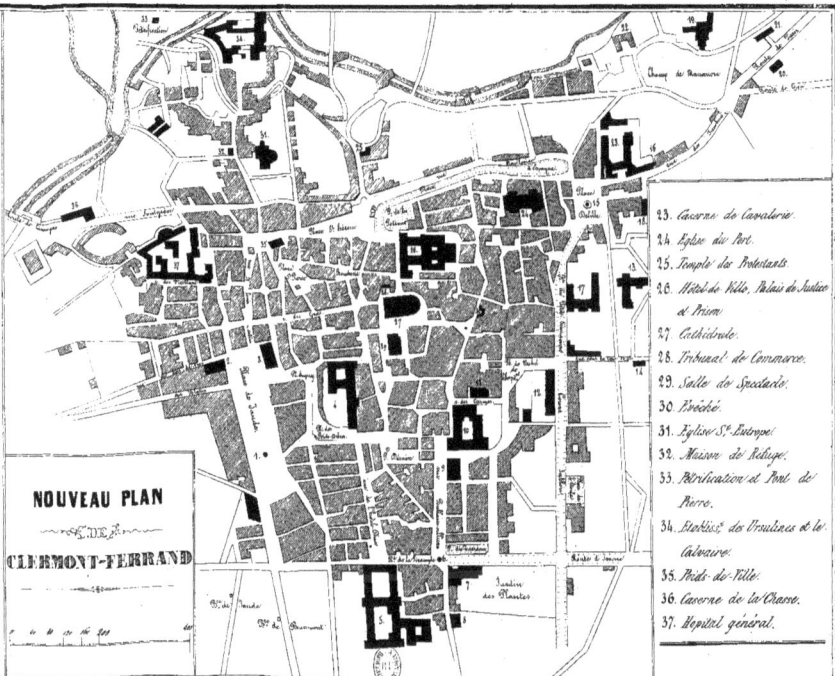

**NOUVEAU PLAN**

DE

**CLERMONT-FERRAND**

DUCHIER, Libraire-Éditeur.                    Lith Perol à Clermont-Fd

# TABLE.

Clermont-Ferr., typ. Parol.

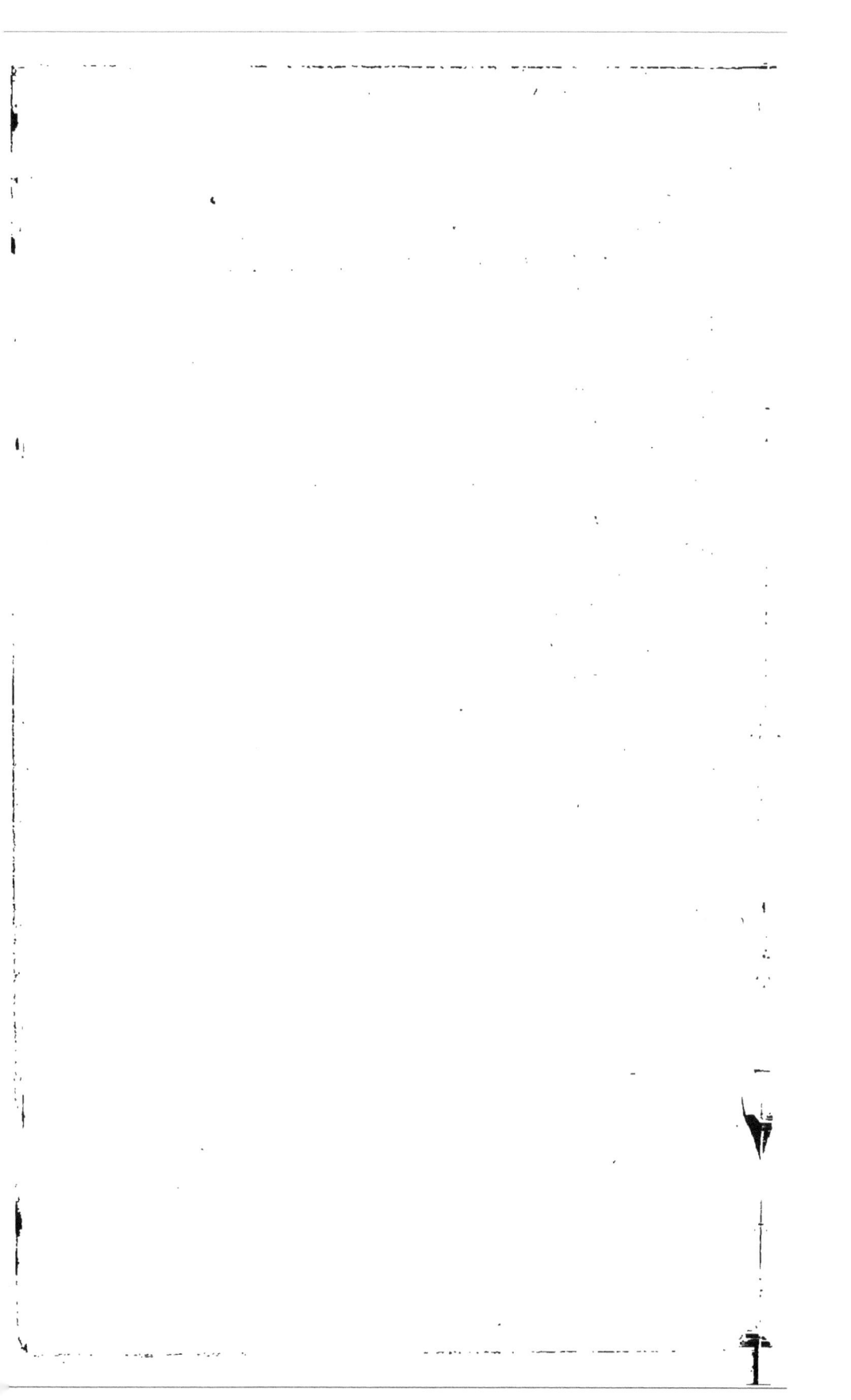

# EN VENTE

## A LA LIBRAIRIE DE DUCHIER :

Les Costumes et les Vues d'Auvergne;
*La Paysade*, en vers auvergnats;
Collection d'ouvrages anciens;
Livres classiques à un prix très-modéré;
Livres de prix et d'étrennes;
Fournitures de bureau.

———

*Achat de vieux livres. — Echange.*

Clermont-Ferrand, typ. Perol.

www.ingramcontent.com/pod-product-compliance
Lightning Source LLC
Chambersburg PA
CBHW052159090426

42741CB00010B/2340